KB007553

축구 드리블 디자인

DRIBBLE DESIGN: NIHON SOCCER WO KAERU "99% NUKERU DRIBBLE RIRON"
by Masakazu Okabe
Copyright © Masakazu Okabe, 2019
All rights reserved.
First published in Japan by Toyokan Publishing Co., Ltd., Tokyo
This Korean edition published by arrangement with Toyokan Publishing Co., Ltd.,
Tokyo in care of Tuttle-Mori Agency, Inc., Tokyo through Shinwon Agency Co., Seoul.

이 책의 한국어판 저작권은 신원 에이전시를 통한 저작권자와의 독점 계약으로 삼호미디어가 소유합니다.
신 저작권법에 의하여 한국 내에서 보호를 받는 저작물이므로 무단 전재와 무단 복제를 금합니다.

DRIBBLE
DESIGN

돌파 성공률 99%를 만드는 드리블 이론과 테크닉

축구 드리블 디자인

삼호미디어
samho MEDIA

들어가는 말

축구 드리블 디자이너.

이것이 저의 직업입니다. 전 세계에서 드리블 디자이너는 단한 명, 저 오카베 마사카즈뿐입니다. 제가 만들어낸 새로운 직업이기 때문이지요. 드리블 디자이너가 하는 일을 한마디로 표현하면 '플레이어 한 사람 한 사람의 개성에 맞춰서 드리블로 돌파할 수 있도록 플레이를 디자인하는 것'입니다.

현재 저는 드리블 디자이너로서 일본 전역을 다니며 레슨을 실시하고, 일본 국가대표 선수뿐 아니라 세계 곳곳에서 들어오는 의뢰를 통해 톱클래스 선수들의 드리블을 디자인하고 있습니다. 저는 신장 167cm에 체중이 약 50kg으로, 운동 선수치고는 왜소한 체구입니다. 일본 국가대표 선수도 아니었고 프로 축구 리그에서 뛴 경험도 없어요. 그런 저에게 왜 국내 선수는 물론이고 세계 각지의 프로 선수로부터 트레이닝 의뢰가 들어오는 것일까요?

그것은 저의 독자적인 축구 드리블 이론인 '99% 돌파하는 드리블 이론'의 힘 덕분입니다. 지금까지 감각적으로만 언급되었

DRIBBLE
DESIGN

던 드리블 플레이를 언어화해 하나하나 상세히 분석함으로써 어떤 움직임일 때 수비를 돌파할 수 있는지 철저히 연구했습니다. 그 결과로 정립한 것이 99% 돌파하는 드리블 이론입니다. 이를 바탕으로 지금까지 수많은 선수를 지도했으며 다수의 의미 있는 성과를 거두었습니다.

이 책에는 지금까지 제한적으로만 공개했던 99% 돌파하는 드리블 이론의 핵심을 담았습니다. 이를 통해 많은 분이 돌파 성공률 99%의 드리블을 구사할 수 있게 되리라 기대합니다.

드리블은 화려한 기술과 역동적인 움직임으로 많은 이의 눈을 매료시키는 플레이지만, 그와 동시에 강한 도전 정신이 필요한 플레이이기도 합니다. 99% 돌파하는 드리블 이론을 통해 독자 여러분이 드리블 실력을 발전시키고, 나아가 드리블을 통해 무언가에 '도전하는 마음'의 중요성을 실감한다면 저로서는 더할 나위 없는 기쁨일 것입니다.

그러면 지금부터 99% 돌파하는 드리블 이론의 노하우를 여러분에게 소개하겠습니다.

CONTENTS

돌파 성공률을 극대화하는 드리블의 핵심 트릭을 이해한다

99% 돌파하는 드리블 이론
– 로직편

PART 2

반드시 이기는 공간으로의 침투는 어떤 움직임으로 이루어지는가
99% 돌파하는 드리블 이론
– 테크닉편

PART 3

세계적인 플레이어의 드리블을 독자적인 관점에서 상세히 분석한다

톱클래스의 플레이와 99% 돌파하는 드리블의 관계

PART 4

성장하는 삶을 위한 최고의 가치, 도전하는 마음의 소중함을 전한다
도전은 계속되어야 한다

PART 1

•

돌파 성공률을 극대화하는
드리블의 핵심 트릭을 이해한다

99% 돌파하는
드리블 이론
- 로직편 -

99% 돌파하는
드리블
이론이란?

⚽ 드리블의 원리는 마술과 똑같다

제가 독자적으로 고안한 **'99% 돌파하는 드리블 이론'**의 원리를 사람들에게 소개할 때, 저는 마술에 빗대어 설명하곤 합니다. 99% 돌파하는 드리블은 마술과 운용 원리가 거의 똑같기 때문입니다.

대중의 마음을 현혹하는 마술을 구사하기 위해서는 현란한 '손놀림'이 필요하고, 어떤 마술이든 반드시 '트릭'이 있기 마련입니다. 트릭이 있어야 비로소 마술이 성립하며 그 트릭을 정교하고 교묘하게 구현하기 위해 손놀림이 존재하는 것이죠. 즉 '마술 = 트릭 × 손놀림'이라고 표현할 수 있습니다.

마찬가지로 축구 드리블에도 상대를 제치기 위한 트릭이 있습니다. 페인트 모션이나 기민한 발재간 같은 움직임은 트릭을 실행하는 손놀림에 지나지 않습니다. 그렇다면 돌파 성공률을 극대화하는 드리블 트릭이란 과연 무엇일까요?

간단히 표현하면 **'성공적인 돌파를 위한 최적의 간격'**으로 **'상대 수비가 눈치채지 못하게 침투하는 것'**이라고 말할 수 있습니다. 이것이 99% 돌파하는 드리블 이론의 모든 것이라고 해도 과언이 아니에요. 물론 이렇게 말하면 "성공적인 돌파를 위한 최적의 간격이란 게 있어?", "그걸 어떻게 알 수 있는데?", "어떻게 해야 상대가 눈치채지 못하게 침투할 수 있지?" 같은 의문이 떠오를 것입니다.

단언하건대, 발이 빠르든 느리든 수비를 제치고 드리블로 돌파할 수 있는 간격은 반드시 존재합니다. 성공적인 돌파를 위한 최적의 간격을 깨닫고 그곳으로 들어갈 수 있다면 누구나 99%의 성공률로 드리블 돌파를 해낼 수 있는 것이죠. 이는 체구가 작은 사람이든 큰 사람이든 마찬가지입니다.

99% 돌파하는 드리블 이론에서는 이 트릭을 '로직'이라고 부르고, 손놀림에 해당하는 다양한 움직임을 '테크닉'이라고 부릅니다. 그래서 다음과 같은 도식이 성립하지요.

99% 돌파하는 드리블 = **로직** × **테크닉**

 트릭은 금방 손에 넣을 수 있다

마술의 트릭은 의외로 간단해서 일단 원리를 이해하고 외워 두면 누구나 나름대로 그 마술을 흉내낼 수 있게 됩니다. 다만 트릭을 빠르고 자연스럽게 펼치는 노련한 손놀림은 하루아침에 익힐 수 있는 것이 아니어서 능숙해지려면 적정량의 연습이 필요하지요.

드리블도 비슷합니다. 로직을 일단 제대로 이해하고 기억해 두면 누구나 금방 자신의 것으로 삼을 수 있습니다. 물론 드리블 돌파를 위한 세부적인 테크닉까지 숙련하려면 상당한 훈련이 필요합니다만, 로직을 잘 이해하면 앞으로 어떤 테크닉을 갈고닦을지에 대한 방향도 자연스럽게 알 수 있습니다.

"어떻게 돌파해야 할지 모르겠어."라는 사람도 드리블 로직을 알고 난 후 그것만으로도 금세 돌파할 수 있게 되기도 합니다. 설령 당장은 돌파가 어렵더라도 앞으로 어떤 훈련에 집중해야 돌파할 수 있을지 감을 잡을 것입니다.

99% 돌파하는 드리블의 로직이 지닌 강점은 그만큼 큽니다. 그러면 지금부터 그 내용을 자세히 살펴보겠습니다.

02

성공적인 돌파를 위한 최적의 간격을 이해한다

⚽ 거리와 각도를 의식한다

방금 말했듯이 99% 돌파하는 드리블 이론의 로직(트릭)은 '성공적인 돌파를 위한 최적의 간격으로 상대가 눈치채지 못하게 침투하는 것'입니다.

여기서 **'성공적인 돌파를 위한 최적의 간격'**이 무엇인지 살펴봅시다. 먼저 여기서 말하는 '간격'이라는 용어의 쓰임을 정확히 이해할 필요가 있겠습니다. 사전적 의미는 '공간적으로 벌어진 사이(거리)'로, 여러분의 인식 속에서 이 간격은 '사람과 사람 간의 거리'가 아닐까 합니다. 단순히 사람과 사람이 대치했을 때는 이 의미로 생각해도 충분할지 모릅니다. 하지만 드리블에서의 간격은 거리만으로 결정되지 않지요.

축구에는 골이 있기 때문입니다.

가령 여러분이 수비수고 공격수와 일대일로 대치했다고 가정해 봅시다. 이때 공격수와의 거리만 의식하면서 수비하나요? 아닐 거예요. 축구에서 최종적으로 막아야 할 것은 골이므로 볼과 골문 사이에 서지 않으면 지킬 수 없습니다. 상대와의 거리만 의식해서는 수비가 성립하지 않는다는 말이지요. 이는 드리블로 돌파할 때도 매우 중요한 요소입니다.

[그림 1] 간격 = 거리 × 각도

간격 = 사람과 사람 간의 거리

가 아니라

간격 = 거리 × 각도

POINT

이와 같이 골문을 의식하면 간격을 이해하기 쉬워진다.

그래서 99% 돌파하는 드리블 이론에서는 간격을 다음과 같이 정의합니다.

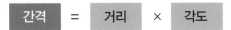

여기서 '각도'는 골문, 수비수, 공격수가 이루는 각을 가리킵니다(일반적으로는 이 각도가 180도가 되도록 수비하는 것이 원칙임). 이처럼 간격을 거리와 각도로 나누어 이해하면 여러 가지가 명확해집니다. 그리고 이것이 성공적인 돌파를 위한 최적의 간격을 파악하는 데 중요한 실마리가 되지요.

그렇다면 거리와 각도에 관해 좀 더 자세히 이야기해 보겠습니다.

03

수비수가
접촉할 수 없는
거리

반드시 이길 수 있는 각도는 사람마다 다르다

앞에서 성공적인 돌파를 위한 최적의 간격을 파악하기 위해 '간격 = 거리×각도'로 도식화했습니다. 이 거리와 각도를 다음과 같이 생각하면 더 쉽게 이해할 수 있습니다.

> 거리 : 볼을 빼앗기지 않기 위한 요건
> 각도 : 수비수를 돌파하기 위한 요건

먼저 거리를 생각해 봅시다. 거리는 **볼을 빼앗기지 않기 위한 요건**입니다. 그렇다면 어떤 상황일 때 볼을 빼앗길까요? 각각의 상황을 따져 보면 결국 다음의 세 가지로 좁혀집니다.

> ① 자신이 실수하는 상황
> ② 수비수가 볼을 건드리는 상황
> ③ 수비수가 몸을 접촉하는 상황

이 세 가지 상황 중 어느 하나가 일어나지 않는 이상 볼을 빼앗기는 일은 없습니다.

① 자신이 실수하는 상황은 훈련이나 집중력 강화 등을 통해 줄일 수 있습니다. 이는 스스로 통제할 수 있는 영역이지요. 한편, ② 상대가 볼을 건드리는 상황과 ③ 상대가 몸을 접촉하는 상황은 상대의 수비 실력에 좌우되며 스스로 통제할 수 없는 영역으로 여겨질 것입니다.

그런데 ②와 ③처럼 수비수와의 접촉으로 발생하는 상황은, 수비수의 몸이 닿는 범위 안에 있을 때 일어나는 상황입니다. 달리 말해 '**수비수가 발을 최대한 뻗어도 아슬아슬하게 닿지 않는 거리**'에 있다면 ②와 ③이 일어나지 않는는 뜻이지요.

⚽ 이길 수 있다고 확신하는 각도로 침투한다

다음은 각도를 알아봅시다. 각도는 **수비수를 돌파하기 위한 요건**이었습니다. 요컨대 각도를 이용해서 수비수를 제칠 수 있다는 뜻이지요. 수비수가 발을 최대한 뻗어도 아슬아슬하게 닿지 않는 거리에 있을 때, 어떤 각도라면 수비수를 돌파할 수 있을지 생각해 봅시다.

24쪽의 그림 2는 대치하는 수비수와 공격수를 약간 위에서 바라본 모습입니다. 수비수가 발을 최대한 뻗어도 아슬아슬하게 닿지 않는 거리를 유지하면서, 골문과 수비수와 공격수가 이루는 각도를 조금씩 바꿔 나가야 합니다.

골문, 수비수, 공격수가 이루는 각도가 180도, 135도, 90도인 상황은 각각 다음과 같이 이해할 수 있습니다.

180도 : 골문 – 수비수 – 공격수가 일직선.
　　　　수비수의 기본 위치.

135도 : 자신 있다면 돌파를 시도할 수 있는 각도.

90도 　: '레디 앤 고'로 상대를 제칠 가능성이 높음.
　　　　 (수비가 성립하지 않음)

수비수와의 거리는 같더라도, 각도에 따라 수비가 성립하느냐 하지 않느냐가 명확하게 갈립니다. 참고로 0도는 이미 수비수를 제친 절대 승리의 상태입니다. 90도 위치에서는 세로 방향으로

[그림 2] 일대일 상황에서 수비수와 공격수를 위에서 바라본 모습

POINT

골문-수비수-공격수가 이루는 각도를 생각한다. 위 사진은 180도에서 대치하고 있는데 135도, 90도로 각도를 바꿔 나가면 돌파할 수 있다.

■ 수비수가 발을 최대한 뻗어도 아슬아슬하게 닿지 않는 거리의 예

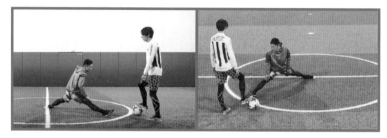

'레디 앤 고(Ready and Go, 달려나갈 준비를 하고 출발과 동시에 최고 스피드를 올려 달리는 것)'로 드리블을 시작하면, 실수하지 않는 이상 대부분 슛까지 이행할 수 있을 것입니다(이 각도에서는 수비가 성립하지 않는다고 할 수 있음). 설령 수비수의 신장이 매우 크고 다리가 길다고 하더라도, 수비수가 발을 최대한 뻗어도 아슬아슬하게 닿지 않는 거리에 있음을 전제하므로 그 자리에서 수비수의 발에 차단될 일은 없습니다.

몇 도의 각도에 있어야 돌파할 수 있을 것인가는 본인의 **빠르기**와 수비수의 **빠르기**에 따라서도 달라집니다. 제 경우는 스피드로 이길 자신이 있을 때는 135도쯤에서 돌파를 시도하지만, 발이 빠른 수비수를 상대할 때는 110도 정도까지 들어간 다음 돌파를 시도합니다.

중요한 것은 내가 돌파를 시도하리라는 것을 상대 수비수가 '온다!'라며 직감하더라도, 레디 앤 고로 스타트해서 돌파할 수 있는 각도여야 한다는 점입니다. 페인팅이나 기습 등의 요소 없이 **순수하게 스피드로 승부해도 돌파할 수 있는 각도가 '이길 수 있는 각도'**입니다.

이렇게 이길 수 있다는 확신이 드는 각도까지 침투한 다음 돌파를 시도합니다. 다시 말해 반드시 이길 수 있는 각도에 도달했을 때만 돌파를 시도한다면, 실수하지 않는 한 거뜬히 수비수를 제칠 수 있습니다(99% 돌파할 수 있음).

이 각도는 개인마다 다르며 수비수의 능력에 따라서도 달라지지만, 누구에게나 반드시 존재합니다. 설령 발이 느린 사람일지라도, 수비수가 발을 최대한 뻗어도 아슬아슬하게 닿지 않는 거리에 있고 골문과 수비수, 공격수가 이루는 각도가 0도에 가까울수록 실수하지 않는 한 수비수를 제치고 슛까지 연결할 수 있을 것입니다.

바로 이것이 성공적인 돌파를 위한 최적의 간격입니다.

성공적인 돌파를 위한 최적의 간격	=	수비수가 발을 최대한 뻗어도 아슬아슬하게 닿지 않는 거리
		×
		'레디 앤 고'로 돌파할 수 있는 각도 (이길 수 있는 각도)

이제 누구에게나 성공적인 돌파를 위한 최적의 간격이 존재함을 이해했으리라 생각합니다. 그럼 이제부터는 어떻게 해야 이 간격(공간)으로 침투할 수 있는지 알아보겠습니다.

Check Point

POINT 1

드리블과 마술은 구조가 동일하다

마술 = 트릭 × 손놀림

99% 돌파하는 드리블 = 로직 × 테크닉

POINT 2

간격 = 거리 × 각도

거리 : 볼을 빼앗기지 않기 위한 요건
각도 : 수비수를 돌파하기 위한 요건

POINT 3

'성공적인 돌파를 위한 최적의 간격'은 존재한다!

성공적인 돌파를 위한 최적의 간격
=
수비수가 발을 최대한 뻗어도 아슬아슬하게 닿지 않는 거리
×
'레디 앤 고'로 돌파할 수 있는 각도

04

수비 범위를 파악하고 성공적인 돌파를 위한 최적의 간격으로 침투한다

원을 그리며 우회함으로써 성공적인 돌파를 위한 최적의 간격에 도달한다

간단히 복습하면, 성공적인 돌파를 위한 최적의 간격은 '수비수가 발을 최대한 뻗어도 아슬아슬하게 닿지 않는 거리'와 '레디 앤 고로 이길 수 있는 각도(그림 3 참조)', 두 가지가 양립할 때 만들어집니다.

그럼 수비수와 180도 각도에서 대치한다고 가정해 봅시다. 여러분은 볼을 빼앗기지 않기 위해 수비수가 발을 최대한 뻗어도 아슬아슬하게 닿지 않는 거리에 있습니다. 여기서 이제 어떻게 해야 성공적인 돌파를 위한 최적의 간격으로 침투할 수 있을까요? 일반적으로 생각하면 '최단 거리인 대각선으로 나간다'는 선택을 할 것입니다. 그러나 사실 이것이 드리블에서 볼을 빼앗기는 가장 큰 원인입니다.

왜 최단 거리로 나가면 볼을 빼앗길까요? 수비수의 발이 닿는 범위를 떠올려 보면 그 이유를 알 수 있습니다. 수비수는 지지발을 중심으로 마치 컴퍼스처럼 발을 뻗습니다. 그 컴퍼스가 그리는 원의 안쪽은 수비수의 발이 닿는 범위라는 거지요. 즉 수비수

[그림 3] 반드시 이길 수 있는 각도

수비수가 발을 최대한 뻗어도 아슬아슬하게 닿지 않는 거리를 유지하면서 원형으로 우회해, 레디 앤 고로 이길 수 있는 각도에 들어가는 것이 99% 돌파하는 드리블로 이어진다.

■ 135도일 경우

■ 90도일 경우

NG

수비수의 발이 닿는 범위 안에 들어가거나, 최단 거리를 의식해 대각선으로 나가는 플레이는 볼을 빼앗기는 원인이 된다.

POINT

각도를 바꿀 때 자칫 수비수의 발이 닿는 거리 안으로 들어가기 쉽다. 원을 그리면서 우회해 거리를 유지한다.

의 발이 닿는 범위는 지지발을 중심으로 펼쳐지는 원형이라고 생각할 수 있습니다.

가령 여러분의 반드시 이길 수 있는 각도가 90도라고 가정했을 때, 180도에서 90도를 향해 최단 거리로 움직인다면 원형으로 펼쳐진 수비 영역(수비수의 발이 닿는 공간)에 들어가게 되므로 볼을 빼앗길 위험이 생겨 버리지요.

이 사실을 깨닫기만 해도 어떻게 해야 성공적인 돌파를 위한 최적의 간격에 안전하게 들어가는지 알 수 있습니다. 그렇습니다. 원의 테두리를 따라 우회하는 거예요. 수비수가 발을 최대한 뻗어도 아슬아슬하게 닿지 않는 거리에 있으면 절대 볼을 빼앗기지 않으므로 **수비수와의 거리를 유지하면서 움직이면, 즉 원형으로 우회**하면 이길 수 있는 각도까지 안전하게 도달할 수 있습니다.

'말처럼 그리 쉽게 들어갈 수 있을까? 수비수가 허수아비도 아니고 같이 움직이는데…….' 이렇게 생각하는 사람도 있을지 모릅니다. 그러나 실제로 그렇습니다. 수비수는 거리 변화에는 민감해도 각도 변화에는 둔감할 때가 많기 때문입니다.

앞에서 '거리 : 볼을 빼앗기지 않기 위한 것'이라고 설명했습니다. 수비수의 임무는 볼을 빼앗는 것이기도 하므로 거리에 민감한 한편, 각도 변화에는 상대적으로 둔감한 경향이 있습니다.

그러므로 우회해서 조금씩 각도를 바꿔 나가면 상대가 눈치채기 전에 이길 수 있는 각도까지 도달할 수 있습니다.

이렇게 침투하는 개념을 일단 이해해 두면 즉각 활용할 수 있습니다. 저의 드리블은 모두 이 사고를 바탕에 두고 있으므로 동영상을 본 적이 있는 분이라면 '아, 그런 거였구나.' 하고 고개를 끄덕일지도 모르겠습니다. 여러 가지 테크닉을 구사하면서도 핵심은 원을 그리듯 우회하며 각도를 바꿈으로써 이길 수 있는 각도에 도달하는 것이지요.

물론 모든 수비수가 이에 둔감한 것은 아닙니다. 골문과 공격수 사이에 위치해야 한다는 것을 예민하게 의식하고 있기도 합니다. 원을 그리며 우회하더라도 틀어진 각도를 수정하면서 수비하는 상대에게 고전하는 상황도 생길 수 있습니다. 자신이 움직여도 이길 수 있는 각도를 만들어낼 수 없을 때는 상대를 움직이게 해서 각도를 만들어야 하는데, 이를 위해서는 페인트나 볼을 움직이는 '테크닉'을 구사해야 할 필요가 있겠지요.

그리고 좀 더 간단하게 각도를 만들어내는 방법도 있습니다. 이니에스타 선수가 FC 바르셀로나에서 뛰던 시절 자주 사용한 방법인데요. 당시 이니에스타에게는 역사상 최고의 드리블러인 리오넬 메시가 팀 동료로 있었습니다. 그 때문에 상대 수비수들은 메시에게 볼이 가지 않도록 패스 코스를 막는 데 주력했어요. 가령 이니에스타가 측면에서 드리블하고 있는데 필드 중앙에 메시가 있으면 수비수들은 중앙으로 몰리게 되는 것이죠. 그런 움직임을 노려 이니에스타 선수는 우회하지 않아도 자동으로 이길 수 있는 각도에서 드리블할 수 있었습니다.

이처럼 반드시 이길 수 있는 각도로 들어가는 방법은 하나가 아닙니다. 이길 수 있는 각도를 만들어 놓은 뒤에 패스를 받는 것도 좋습니다. 볼을 빼앗기지 않는 거리와 이길 수 있는 각도를 잘 이해하고 있으면 얼마든지 응용할 수 있습니다.

그러면 지금까지의 내용을 정리해 보겠습니다. 드리블로 수비수를 돌파하는 데는 트릭(로직)이 있으며, 핵심은 성공적인 돌파를 위한 최적의 간격으로 상대가 눈치채지 못하게 침투하는 것입니다. 즉 수비수가 발을 최대한 뻗어도 아슬아슬하게 닿지 않는 거리를 유지하면서, 원을 그리며 우회해 레디 앤 고로 이길 수 있는 각도로 들어갑니다(그림 4).

눈치챈 사람도 있겠지만, 지금까지는 드리블 흐름을 단순 명확하게 정리하기 위해 '수비수는 발을 내밀지 않는다.', '세로 방향으로만 돌파한다.'라는 다소 무리한 전제로 이야기를 전개해 왔습니다. 이제부터는 직선 드리블(세로 방향으로 돌파하는 드리블)과 컷인(사이드에서 중앙으로 파고드는 드리블), 그리고 수비수가 발을 뻗었을 때의 대응을 자세히 살펴보겠습니다.

[그림 4] 드리블로 수비수를 돌파하기 위한 트릭(로직)

▼

①
수비수가 발을 최대한 뻗어도 아슬아슬하게 닿지 않는 거리를 유지한다.

▼

②
원을 그리며 우회한다.

▼

③
레디 앤 고로 이길 수 있는 각도로 파고든다.

POINT

이길 수 있는 각도로 파고드는 방법은 하나가 아니다. 이길 수 있는 각도를 만들어 놓은 다음 패스를 받는 것도 좋다. 볼을 빼앗기지 않는 거리와 이길 수 있는 각도를 이해하고 있으면 얼마든지 응용이 가능!

직선 드리블은
가장 빠른
드리블

직선 드리블이 <u>최선의 드리블</u>

지금까지 세로 방향으로만 드리블 돌파를 한다는 전제 아래 이야기를 진행했습니다. 이는 최대한 단순하게 원리를 전달하기 위함이기도 하지만, 더 큰 이유는 '직선 드리블'이 모든 것의 기본이라고 생각하기 때문입니다.

저는 직선 드리블이 최선의 드리블임을 확신합니다. 물론 컷인으로 뛰어난 플레이를 펼치는 선수도 많고, 저 역시 컷인으로 돌파하는 때가 많습니다. 그러나 제가 컷인을 하는 상황은, 세로 방향으로의 선택지를 먼저 고려한 후 상황이 여의치 않아 택한 결과입니다.

즉 **직선 드리블을 최우선으로 생각**하는 것이지요. 그 이유는 직선 드리블이야말로 가장 **빠른** 속도로 이동할 수 있는 드리블이기 때문입니다. 조금이라도 빨리 상대 팀 골문 가까이 볼을 가져가려면 당연히 더 **빠른** 드리블을 선택해야 하지요.

드리블은 볼을 차면서 달리는 행위입니다. **아무리 속도를 높여도 전력으로 스프린트하는 속도를 능가할 수는 없습니다.** 따라서 드리블을 스프린트 속도에 가능한 한 근접하도록 만드는 것이 자신이 할 수 있는 가장 **빠른** 드리블에 이르는 길이라고 할

[그림 5] **직선 드리블과 컷인**

■ 직선 드리블

POINT

세로 방향으로 드리블하는 것을 '직선 드리블'이라고 부른다.

■ 컷인

POINT

사이드에서 중앙으로 파고드는 드리블이 '컷인'이다. 직선 드리블을 숙련해 놓으면 컷인은 언제라도 할 수 있다.

수 있습니다. 그렇다면 전력 질주에 가장 가까운 속도를 내는 것은 어떤 형태의 드리블일까요?

바로 '레디 앤 고'의 자세로 달려나갈 수 있는 직선 드리블입니다. 컷인은 발의 움직임이 레디 앤 고로 달려나가는 자세가 아니므로 속도 면에서는 직선 드리블보다 뒤질 수밖에 없습니다. 그러므로 가장 빠르게 달릴 수 있는 형태인 직선 드리블을 기본으로 삼는 것은 합당한 전략이지요. 최고 속도로 달려나갈 수 있다는 것, 즉 시간이 걸리지 않는다는 장점 덕에 경기의 흐름을 멈추지 않고 드리블할 수 있습니다.

여기에 또 하나의 이점은, 직선 드리블을 숙련해 놓으면 언제라도 컷인을 할 수 있다는 것입니다. 왜 그럴까요? **직선 드리블을 막으려면 수비수가 후퇴해야 하기** 때문입니다. 수비수가 후퇴한다는 것은 곧 무게 중심이 뒤쪽으로 빠진다는 뜻입니다. 무게 중심이 뒤로 빠진 수비수는 다음 동작이 늦어질 수밖에 없습니다. 또한 직선 드리블을 한 번 허용한 뒤에는 세로 방향에 대한 경계가 강해지기 때문에 직선 드리블을 하는 듯한 낌새만 보여도 크게 물러서고 맙니다.

크게 후퇴한 수비수가 컷인을 저지하기는 어렵습니다. 이 상태의 수비수는 발을 뻗는 범위가 지극히 좁아지므로 공격수가 눈앞을 지나쳐 달려나가도 저지는커녕 서 있는 것이 고작이기 때문입니다. 때로는 그 자리에서 뒤로 넘어지는 상황이 벌어지기도 합니다.

직선 드리블은 그만큼 수비수에게 위협적인 플레이입니다. 한 번 트라우마가 생긴 상대는 직선 드리블을 지나치게 의식한 나머지 컷인 코스를 그냥 열어 놓기도 합니다. 그래서 직선 드리블을 숙련해 놓으면 컷인은 언제라도 할 수 있다고 말한 것이죠.

다만 그 반대는 성립하지 않습니다. 즉, 컷인을 먼저 갈고닦아 놓는다고 해서 직선 드리블이 수월해지지는 않아요. 왜냐하면 **컷인은 사이드스텝으로 수비할 수 있기 때문**입니다. 컷인을 하려는 듯한 움직임을 보이며 상대를 좌우로 흔들더라도, 수비수의 무게 중심은 뒤로 빠지지 않으므로 그다음 이어지는 직선 드리블에 비교적 빠르게 대응할 수 있습니다. 그런 까닭에 컷인에 노련해지더라도 직선 드리블 돌파가 자연히 쉬워지지는 않는 것이죠.

이제 직선 드리블의 장점을 잘 이해하셨나요? 어찌 보면 당연하고 사소한 사실들을 정리해 하나씩 조합한 듯한 드리블 로직이지만, 지금까지 이 원리와 사고를 바탕으로 수많은 플레이어와 프로 선수들의 드리블을 디자인해 왔습니다. 특히 일본 국가 대표이자 컷인의 명수인 이누이 타카시 선수는 저의 직선 드리블 철학에 크게 공감했고, 이 개념을 활용함으로써 드리블의 폭을 더욱 넓힌 바 있습니다.

물론 아래의 방법을 모른다면 정말로 돌파할 수 있을까 의심스러울 수도 있습니다.

- 어떻게 해야 전력 질주하듯이 직선 드리블을 할 수 있는가?
- 직선 드리블을 하는 척(=페인트 모션)은 어떻게 하는가?
- 직선 드리블에서 컷인으로 전환하는 동작은 어떻게 하는가?

다만 이런 부분들은 모두 '테크닉'이며 로직을 실현하는 도구에 지나지 않습니다. 이러한 의문은 테크닉편에서 답하기로 하고, 99% 돌파하는 드리블을 위한 로직을 조금 더 생각해 보기로 합시다.

Lesson

06

▼

수비수의
행동 패턴에 따른
대응 요령

수비수의 액션에 맞춰 대응한다

수비수의 발이 아슬아슬하게 닿지 않는 거리를 유지하면서 우회해 이길 수 있는 각도까지 볼을 가져가 돌파한다는 로직은 이제 이해했을 것입니다.

다만 한편으로는 '수비수가 거리를 좁혀 들어오면 어떻게 하지?', '수비수가 발을 내밀면 어떻게 하지?'라는 의문이 떠오를 것입니다. 지금까지 소개한 수비 시스템은 한 발도 움직이지 않고 그 자리에 서 있는 것이었으니까요.

하지만 걱정하지 않아도 괜찮습니다. 99% 돌파하는 드리블 이론은 수비수가 어떤 행동을 하든 성립할 수 있습니다. 우선 수비수가 거리를 좁혀 들어온다면, 좁힌 거리만큼 물러서서 수비수의 발이 아슬아슬하게 닿지 않는 거리를 유지하거나 각도를 바꿔 이길 수 있는 각도를 만드는 방법으로 대응할 수 있습니다(그림 6 참조).

반대로 상대가 뒤로 슬금슬금 물러나며 수비한다면 최적의 상황이지요. 상대가 물러난 만큼 바짝 다가가 상대 골문에 가까이 접근하되, 수비수의 발이 아슬아슬하게 닿지 않는 거리를 유지한다면 기회는 자연스럽게 넓어집니다.

[그림 6] 수비수가 거리를 좁혀 들어올 경우

수비수가 거리를 좁혀 들어 온 만큼 물러서서 '수비수가 최대한 발을 뻗어도 아슬아슬하게 닿지 않는 거리'를 유지한다.

물러선다

각도를 바꾼다

위치를 옮겨서 '이길 수 있는 각도'로 이동한다.

한편 수비수의 발이 아슬아슬하게 닿지 않는 거리를 유지하면서 우회하고 있는데, 수비수가 다리를 뻗어 온다면 어떻게 대응해야 할까요? 결론부터 말하면 애초에 수비수의 발이 닿지 않는 거리에 있으므로 그 순간 볼을 빼앗길 일은 없습니다. 오히려 수비수가 발을 내밀었을 때가 기회예요. 수비를 제칠 수 있는 절호의 타이밍으로 활용해야 합니다.

단, 수비수가 발을 뻗어 온다는 것은 급작스럽게 접근한다는 의미입니다. 가만히 있다가는 이후 볼을 잃을 위험까지 생기지요. 타이밍을 놓치지 않고 돌파하는 것이 그래서 더욱 중요합니다. 이 부분이 가장 어려운 일일 수도 있겠습니다.

그러면 수비수의 행동에 어떻게 대응해야 할지 자세한 상황을 예로 들어 살펴보겠습니다.

❶ 수비수가 움직이지 않는 경우

지금까지 전제한 설정인 '한 걸음도 움직이지 않는 수비'입니다. 이런 사례가 의외로 많은데, 특히 공격수가 뛰어난 드리블러일 경우에 이런 수비를 볼 수 있습니다. 성급히 달려들었다가는 돌파당할 위험이 높으므로 상대가 먼저 움직이기를 기다리면서 시간을 벌고자 하는 수비 패턴이지요. 이때는 앞서 말한 것처럼 우회해서 이길 수 있는 각도로 들어간 뒤, 레디 앤 고로 직선 드리블을 해 수비수를 제치도록 합니다.

❷ 수비수가 전력으로 발을 뻗는 경우

　이것은 단번에 완전히 볼을 빼앗으려 하는, 기백 넘치는 수비수의 패턴입니다. 해외 리그에서 치열하게 경쟁하는 강인한 수비 선수에게서 많이 볼 수 있는 패턴이지요. 이런 대응에는 상당한 압박감을 받겠지만, 애초에 수비수의 발이 아슬아슬하게 닿지 않는 거리에 있으므로 걱정하지 않아도 됩니다. 그럴 때는 볼 위치를 살짝 옮기는 더블 터치로 타이밍을 빼앗으면서 수비수를 제칩니다.

　물론 수비수의 발이 아슬아슬하게 닿지 않는 거리를 잘못 파악해서 접촉 범위 안으로 들어가 버리면 볼을 빼앗겨 버리므로 거리감을 정확하게 몸에 익히는 것이 중요합니다.

❸ 1번도 2번도 아닌 어중간한 압박일 경우

　수준 높은 플레이를 펼치는 경기에서는 그다지 볼 수 없는 수비 패턴입니다. 이 어중간한 플레이의 노림수는 '공격수에게 압박감을 줘서 실수를 유발하는 것'이기 때문입니다. 하지만 수준급의 선수는 자기 실수로 볼을 빼앗기는(21쪽 볼을 빼앗기는 상황 ①) 일이 거의 없습니다. 그래서 일정 수준 이상의 플레이에

[그림 7] **수비수의 행동 패턴**

❶ 수비수가 움직이지 않을 경우

우회하면서 반드시 이길 수 있는 각도로 이동한다.

POINT

수비수의 목적은 시간을 버는 것이므로 발을 내밀지 않는다. 원을 그리면서 우회해 이길 수 있는 각도로 이동한다.

❷ 수비수가 온 힘을 다해서 발을 뻗는 경우

볼 위치를 살짝 옮기는 더블 터치로 피한다.

POINT

아슬아슬하게 발이 닿지 않는 거리에 있으므로 걱정할 필요 없다. 압박감은 있겠지만 타이밍을 빼앗는 형태로 제친다.

❸ 1번이나 2번이 아닌 어중간한 압박일 경우

상대가 압박해 들어오면 더블 터치로 피한다.

POINT

수비수의 노림수는 실수를 유발하는 것이다. 어중간한 압박이 들어올 때는 기회를 놓치지 말고 보폭을 넓게 하며 더블 터치로 제친다.

서는 보기 힘든 패턴이라고 말한 것이죠.

실제로 이런 압박이 들어왔을 때는 그 기회를 놓치지 말고 폭이 넓은 더블 터치로 수비수를 제칩니다. 폭이 넓은 만큼 난도는 높지만, 수비수는 이쪽의 실수를 기대하며 어중간하게 압박해 올 뿐이므로 여유를 가지고 돌파할 수 있을 것입니다.

이렇게 각각의 예를 나열해 보면, 이상론이기는 해도 수비수가 발을 최대한 뻗어도 아슬아슬하게 닿지 않는 거리를 유지할 경우 반드시 돌파할 수 있음을 알 수 있습니다. 물론 매 순간 변화하는 상황 속에서 정확하게 판단할 수 있을지, 긴장한 나머지 실수를 해서 볼을 잃지는 않을지, 대응이 늦어져서 볼을 빼앗기지는 않을지 불안할 수 있겠지요. 그러나 저는 99% 돌파하는 드리블 이론을 이해해 두는 것만으로도 다양한 상황에 대응하는 판단력이 크게 향상된다는 사실을 직간접적인 경험을 통해 확인한 바 있습니다.

실제로, 무수히 많다고 생각되는 수비수와의 대치 패턴이 제 이론에서는 세 가지로 좁혀집니다. 선택지가 비교적 단순하므로 순간적인 대응이 필요할 때 당황하지 않고 신속하게 판단해 플레이할 수 있습니다.

물론 적절한 판단을 내리기 위해서는 연습과 실전 경험이 뒤

따라야 합니다. 그리고 무엇보다 멘탈 강화가 중요하지요. 로직을 실현할 테크닉을 보유하고 있더라도 강한 정신력이 없으면 경기 중에 99%의 돌파 성공률로 드리블하기는 어려울 것입니다.

그래서 다음은 수비수와의 대치에서 멘탈을 강화하는 방법을 소개할까 합니다.

⚽ Not 10 게임으로 <u>정신력을</u> <u>강화한다</u>

개별적으로 트레이닝을 할 때 정신력을 강화하기 위해 제가 반드시 실시하는 게임이 있습니다. 비슷한 원리를 적용한 게임이 많은 터라, 익숙하게 느낄 분도 많으리라 생각합니다. 'Not 10 게임'이라는 것인데요. 규칙은 다음과 같습니다.

> - 두 명이 번갈아서 숫자를 말한다.
> - 한 번에 말할 수 있는 숫자는 3개 이하.
> - 1부터 순서대로 숫자를 나열해, 10을 말하는 쪽이 패배.

실제로 해 보면 알겠지만, 이 게임에는 필승법이 있습니다. 선수(先手)를 잡고 '1'을 말하는 것인데, 역산해 생각하면 이 필승법의 원리가 보입니다.

먼저, 10을 말하면 패배하는 게임이므로 9를 말하면 승리한다는 사실은 금방 이해할 수 있을 거예요. 그리고 '9를 말하면 승리 → 5를 말한 시점에 승리'임을 깨닫는 것이 포인트입니다. 내가 5를 말한 시점에 상대가 말할 수 있는 것은 '6' 또는 '6, 7' 또는 '6, 7, 8'이 되는데, 이에 맞춰 '7, 8, 9' 또는 '8, 9' 또는 '9'를 말하면 이기기 때문입니다. 요컨대 5를 말한 시점에 9를 말할 수 있음을 알 수 있습니다.

그리고 여기에서 한발 더 나아가면 '5를 말한 시점에 승리 → 1을 말한 시점에 승리'가 되므로 선수를 잡고 '1'을 말하는 것이 필승법이 됩니다. 결국 **선수를 잡는 것이 승리의 절대 조건**인 것이죠.

'상대가 행동하기를 기다리지 않고 먼저 행동한다.' 이 정신은 드리블에서도 승리의 절대 조건입니다. 내가 먼저 행동하면 수비수는 그에 반응해야 합니다. 내가 주도해 끌어낸 반응에는 적극적으로 대응하기도 쉬운 법입니다.

Not 10 게임은 세밀한 부분에서도 드리블과 공통된 점이 있습니다. 가령 승리가 결정되기 직전인 '5를 말한 시점에 상대가 말

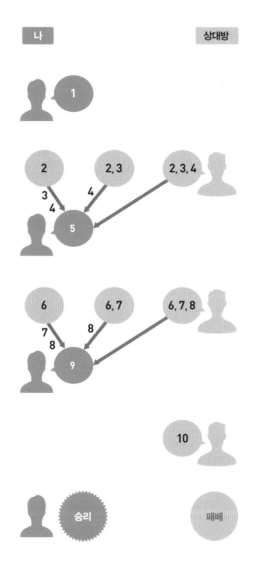

할 수 있는 것은 6 아니면 6, 7 아니면 6, 7, 8'이라는 부분을 자세히 봅시다. 내가 5를 말했을 때 상대가 말할 수 있는 숫자는 6 또는 6, 7 또는 6, 7, 8입니다. 다시 말해 상대는 무슨 수를 쓰더라도 9를 말하지 못하는 상황입니다. 무언가와 비슷한 상황이라는 생각이 들지 않나요? 그렇습니다. 이는 앞에서 이야기한 간격, 수비수가 발을 최대한 뻗어도 아슬아슬하게 닿지 않는 거리와 같습니다.

상대방의 리액션에 대한 나의 대응을 드리블에 대입해 보면 다음의 세 가지 승리 패턴을 생각할 수 있습니다.

A 상대방이 6을 말한다. ➡ [상황] 움직이지 않는 수비수
   나는 7, 8, 9를 말한다. ➡ [대응] 우회해서 돌파한다.

B 상대방이 6, 7, 8을 말한다. ➡ [상황] 전력을 다해 발을 뻗는다.
   나는 9를 말한다. ➡ [대응] 볼 위치를 살짝 옮겨서 제친다.

C 상대방이 6, 7을 말한다. ➡ [상황] A도 B도 아닌 어중간한 압박
   나는 8, 9를 말한다. ➡ [대응] 폭이 넓은 더블 터치로 제친다.

[그림 8] Not 10 게임과 드리블의 승리 포인트

〈Not 10 게임〉

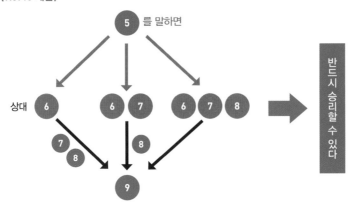

상대는 10을 말할 수밖에 없다.

〈드리블〉

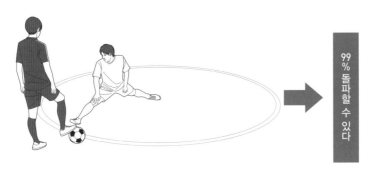

수비수가 발을 최대한 뻗어도 닿지 않는 거리를 유지하고 있으므로
수비수가 어떤 행동을 하든 대응할 수 있다.

이처럼 드리블 중에 대치하고 있는 상황과 절묘하게 일치합니다. 즉, 자신이 먼저 '1을 말한다(5를 말한다)'는 것은 먼저 움직임으로써 수비수가 아무리 발을 뻗어도 아슬아슬하게 닿지 않는 거리에 도달하는 것과 같습니다. 이렇게 할 수만 있다면 '게임에서 반드시 승리 → 드리블로 99% 돌파(실수로 볼을 빼앗길 가능성이 나머지 1%)'로 연결되는 것이지요.

액션 드리블과 리액션 드리블

저는 필승의 조건이 되는, 스스로 먼저 행동하는 드리블을 '액션 드리블'이라고 부릅니다. 상대 수비수가 누구든 간에 내가 먼저 움직여 돌파를 시도하는 등 적극적인 행동에 나선다는 의미입니다.

반대로 일부러 볼을 위험한 위치에 두거나 키핑해서 상대의 발을 유도한 다음 타이밍을 빼앗아 돌파하는 드리블을 '리액션 드리블'이라고 부릅니다. 리액션 드리블 자체는 고도의 테크닉이 필요하며, 높은 수준의 세계에도 이런 스타일의 드리블러가 있기는 합니다.

그러나 리액션 드리블에는 분명 한계가 있습니다. 수비수가 발을 내밀어야 돌파(타이밍을 노려 돌파 = 리액션)할 수 있다는 조건이 붙으므로 수비수의 행동 없이는 시도할 수 없다는 치명적인 결함이 있는 것입니다(돌파할 수 있느냐 없느냐는 상대의 행동에 달려 있음). 만약 수비수가 발을 내밀지 않고 기다리면서 시간을 번다면 경기의 흐름이 끊기고, 근본적인 목적인 팀 승리에 공헌할 수 없게 됩니다.

그렇기에 최고 수준의 세계에서도 통용되는 드리블 스타일은 아무래도 스스로 먼저 행동하는 액션 드리블입니다. 수비수가 움직이지 않는다면 강공으로 돌파합니다(돌파할 수 있느냐 없느냐는 자신에게 달려 있음). 이처럼 능동적이고 적극적인 멘탈이야말로 99% 돌파하는 드리블의 원동력임을 실감케 하는 것이 Not 10 게임 훈련의 목적입니다.

지금까지 99% 돌파하는 드리블 이론의 로직을 자세히 알아보았습니다. 이는 '드리블 디자인'에서 기본적인 개념으로, 어떤 선수의 드리블을 디자인하더라도 절대 흔들림 없이 굳건하게 유지되는 축입니다. 전국 곳곳을 돌며 레슨할 때도, 프로 선수와 트레이닝할 때도, 그리고 저 자신이 드리블로 수비진을 돌파할 때도 전부 이 로직을 충실히 이행하고 있을 따름입니다.

[그림 9] **액션 드리블과 리액션 드리블**

■ 액션 드리블

자신이 먼저 적극적으로 행동하는 드리블.

■ 리액션 드리블

상대 수비수의 행동에 반응해서 실행하는 드리블.

그렇다면 실제로 드리블 로직을 바탕으로 다른 선수의 드리블을 디자인한 결과, 그 선수의 플레이는 얼마나 향상되었을까요? 저는 '디자이너'이므로 제 실력이 어떠한가보다는 디자인한 선수의 플레이가 어떻게 변화·발전했는가로 능력을 평가받습니다.

기쁘게도 지금까지 여러 프로 축구 선수의 드리블을 디자인할 기회가 있었습니다. 그중에서도 2018년 6월에 열린 러시아 월드컵에서 활약한 이누이 타카시 선수와 하라구치 겐키 선수는 저의 커리어에서도 눈에 띄는 성과입니다. 그래서 이들의 드리블에서 로직이 어떻게 활용되었는지 나름대로 고찰해 보려고 합니다.

Check Point

| 지금까지의 복습 |

POINT 1

원을 그리면서 우회한다

- 원을 그리면서 우회해 '거리'는 그대로 유지한 채 '각도'를 바꿔 나간다.
- 수비수의 발이 닿는 범위로는 가급적 침입하지 않는다.

POINT 2

직선 드리블을 최우선으로 생각한다

- 전력 질주 상태에 가까운 직선 드리블이 가장 빠르면서 최선의 드리블이다.
- 직선 드리블을 갈고닦으면 컷인도 수월해진다.

POINT 3

99% 돌파하는 드리블 이론은
수비수의 어떤 액션에도 유리하게 대응할 수 있다

- 수비수의 반응은 크게 나눠서 세 종류다.
- 수비수의 발이 아슬아슬하게 닿지 않는 거리에 있으면 어떤 수비 행동에도 대응이 가능하다.
- 자신이 먼저 행동하는 액션 드리블이 필승의 조건.

▼

천부적인 드리블러, 이누이 타카시

2018년 6월에 열린 러시아 월드컵에서 이누이 선수는 세네갈과 벨기에를 상대로 각각 한 골씩 총 두 골을 넣음으로써 일본 대표팀 약진의 원동력이 되었습니다. 때마침 저는 월드컵이 열리기 직전인 2018년 1월 스페인에서 이누이 선수에게 99% 돌파하는 드리블 이론을 소개하고 드리블을 디자인하는 시간을 가진 바 있었습니다.

드리블 디자이너가 하는 일은 선수 한 사람 한 사람의 특성에 맞춰 수비진을 돌파할 수 있는 최적의 드리블 전략을 디자인하는 것입니다. 저는 먼저 이누이 선수의 개성을 파악하기 위해 그의 최근 플레이를 분석했습니다. 현 단계에서도 월드클래스인 이누이 선수의 드리블을 더욱 높은 수준으로 끌어올리기 위해, 그만의 개성적인 플레이에 99% 돌파하는 드리블 이론을 어떻게 적용할 것인지 고민했습니다.

이누이 선수는 컷인 능력이 탁월했습니다. 컷인의 각도가 다른 선수보다 깊다는 것이 그가 지닌 개성이었으며, 테크닉의 완성도는 그야말로 월드클래스였습니다. 그러나 월드컵이라는 무대에서 이누이 선수를 마크할 수비수는 그 정보를 이미 인지하고 컷인 경로만큼은 확실히 봉쇄할 것이 분명해 보였습니다.

그래서 저는 이 가정 아래 컷인이 아니라 직선 드리블을 디자인했습니다. 앞서 이야기한 직선 드리블을 최우선으로 생각한다는 로직에 기반한 판단이기도 했습니다.

세계적인 수준의 이누이 선수에게 저의 의견이 얼마나 도움이 되었는지는 정확히 알 수 없지만, 월드컵에서 이누이 선수는 적극적으로 드리블을 시도하는 모습이 두드러졌지요. 특히 콜롬비아와의 경기에서 보여준 왼쪽 사이드에서의 직선 드리블은 강렬한 인상을 심어 주었습니다(실제로 상대 수비수는 이누이 선수를 막기 위해 파울을 할 수밖에 없었음). 이 직선 드리블은 틀림없이 수비수에게 강하게 각인되었을 것입니다. 이런 플레이가 쌓이면 수비수는 직선 드리블을 저지하기 위한 위치로 움직일 수밖에 없게 되고, 그 결과 자연스럽게 컷인 코스가 열리게 됩니다.

이누이 선수는 세네갈, 벨기에와의 경기에서 각각 한 골씩 두 골을 넣었습니다. 무엇보다 최적의 코스로 힘 있게 볼을 차 넣을 수 있는 뛰어난 슈팅 능력이 가장 큰 득점 요인이었을 것입니다. 그러나 그때까지 축적한 직선 드리블이 포석으로 작용했을 가능성도 적지 않다고 봅니다.

두 골 모두 이누이 선수의 특기인 컷인에서 이어진 슛이었는데, 수비수들은 이 컷인을 경계하고 있었을 것입니다. 그러나 여러 차례 반복된 이누이 선수의 직선 드리블이 머릿속에 각인되어 있었던 탓에 세로 방향에 대한 경계를 풀 수 없었을 것이

[그림 10] **이누이 선수가 월드컵에서 드리블로 돌파를 시도한 횟수**

일반적인 공격수가 드리블로 돌파를 시도하는 횟수는 한 경기당 평균 3~6회다. 이누이 선수의 14회는 네이마르 선수와 맞먹는 횟수다.

■ 상대 국가 : 콜롬비아

[드리블 돌파를 시도한 횟수]
14회 (전반 5회, 후반 9회)

[드리블 성공률]
64.28% (9/14)

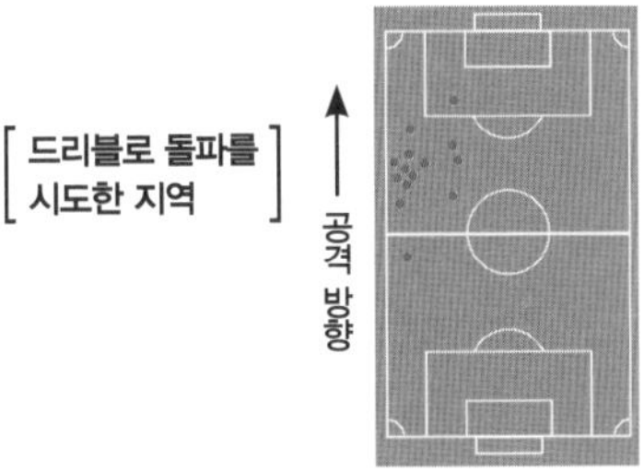

$\begin{bmatrix} \text{드리블로 돌파를} \\ \text{시도한 지역} \end{bmatrix}$ ↑ 공격 방향

■ 상대 국가 : 세네갈

[드리블 돌파를 시도한 횟수]
7회 (전반 2회, 후반 5회)

[드리블 성공률]
85.71% (6/7)

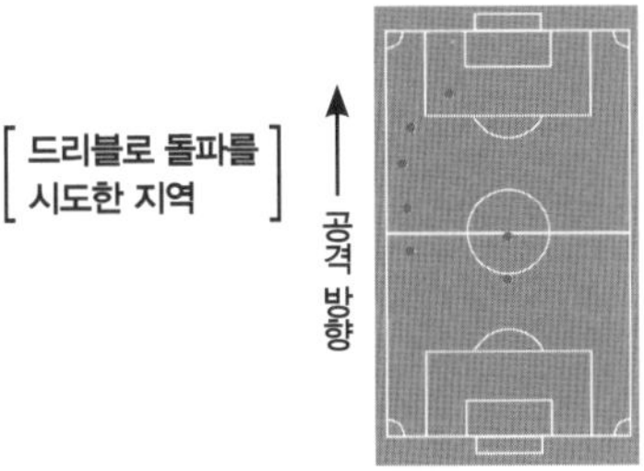

$\begin{bmatrix} \text{드리블로 돌파를} \\ \text{시도한 지역} \end{bmatrix}$ ↑ 공격 방향

■ 상대 국가 : 벨기에

[드리블 돌파를 시도한 횟수]
7회 (전반 2회, 후반 5회)

[드리블 성공률]
71.42% (5/7)

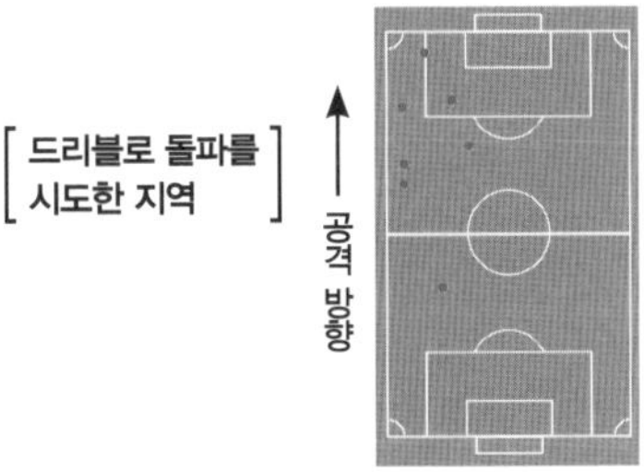

$\begin{bmatrix} \text{드리블로 돌파를} \\ \text{시도한 지역} \end{bmatrix}$ ↑ 공격 방향

※ 드리블로 돌파를 시도한 횟수는 수비수와 대치했을 때의 횟수다. 수비수와 대치하지 않았을 때는 세지 않았다.

고, 그 결과 컷인에 대한 대응이 늦어져서 슛을 막지 못한 것이라고도 분석할 수 있는 것이죠.

'직선 드리블을 갈고닦아 놓으면 컷인은 언제라도 할 수 있다.'

그의 결정적 두 골이야말로 이 사실을 잘 말해주고 있는 것이 아닐까 생각합니다.

02

▼

유연성을 활용하는
드리블러,
하라구치 겐키

하라구치 겐키 선수 역시 2018년 러시아 월드컵에서 맹활약한 국가대표 선수입니다. 벨기에와의 경기에서 터뜨린 선제골은 많은 사람들을 열광시켰지요.

동료 선수에게서 멋진 스루 패스를 받은 하라구치 선수는 한 번의 페인팅 후 파 포스트 쪽으로 정확하게 볼을 차, 골망을 흔들었습니다. 그 페인트 모션이 없었다면 블로킹에 막혔을 것이었기에 순간적인 판단으로 페인트를 걸 수 있는 여유와 넓은 시야, 그리고 무엇보다 강한 정신력을 갖춘 뛰어난 드리블러임을 보여준 상징적인 모습이었습니다.

제가 하라구치 겐키 선수의 드리블을 디자인한 때는 2017년 7월입니다. 지금은 붙박이 국가대표로서 말 그대로 정상급 선수인 그에게도 99% 돌파하는 드리블 이론을 소개한 바 있습니다.

그의 드리블을 디자인하는 과정에서 저는 놀라운 사실을 발견할 수 있었습니다. 수비를 뚫기 위한 제 이론의 기본은 '수비수가 발을 최대한 뻗어도 아슬아슬하게 닿지 않는 거리를 유지한 채, 원을 그리면서 우회해 레디 앤 고로 돌파할 수 있는 각도로 침투하는 것'이지요. 그런데 하라구치 선수는 '수비수가 발을 최대한 뻗어도 아슬아슬하게 닿지 않는 거리'가 아니라 '수비수가 발을 최대한 뻗으면 아슬아슬하게 닿는 거리'에서 유리하게 승부를 겨루고 있었습니다.

이 거리에서는 99% 돌파가 어렵습니다. 제 이론의 전제는 신체 접촉 없이 돌파하는 것인데 이 경우는 몸도 볼도, 수비수에게 닿을 위험에 노출되기 때문입니다. 프로 선수라면 노련한 볼 컨트롤로 상대가 볼을 건드리지 못하게 할 수 있을진 모르지만, 상대에게 몸을 잡히거나 태클당하는 것은 피할 수 없습니다. 그런데 하라구치 선수는 수비수에게 몸을 잡히더라도 균형을 잃지 않고 달릴 수 있었습니다.

왜소한 체격의 저보다야 훨씬 건장하지만, 신장 178cm, 체중 68kg이라는 신체 조건은 세계적인 기준으로 볼 때 거구라고 말할 수 없을 겁니다. 이에 대해 그의 플레이를 분석한 결과, 힘으로 대항하는 것이 아님을 알게 되었습니다.

비밀은 '유연한 상체'에 있었습니다. 팔이 역방향으로 돌아가더라도(팔을 뒤로 꺾인 형태) 몸은 앞을 향한 채 균형을 유지할 수 있는 유연성을 갖추고 있었습니다. 이처럼 외부에서 가해지는 힘을 받아넘길 수 있는 능력은 수비수 입장에서 매우 위협적입니다. 가령 눈앞에서 공격수가 갑자기 튀어 나가며 드리블을 한다

[그림 11] 드리블 로직의 간격과 하라구치 겐키 선수의 간격

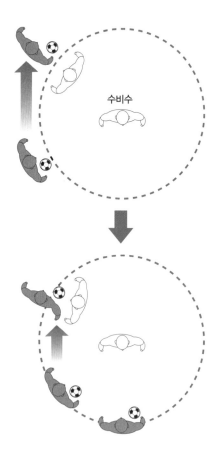

**수비수가 발을 최대한 뻗어도
아슬아슬하게 닿지 않는 거리**
(99% 돌파하는 드리블의 로직)

**하라구치 겐키 선수가
드리블로 승부할 때의 포인트**

하라구치 겐키 선수의 경우는 '수비수가 발을 최대한 뻗어도 아슬아슬하게 닿지 않는
거리'가 '수비수와 접촉하더라도 아슬아슬하게 뿌리칠 수 있는 거리'로 치환될 뿐이
다. 이에 따라 유지해야 할 수비수와의 거리는 조금 줄어들며, 그 결과 기회가 더욱
많아져 결정적인 타이밍을 만들기 쉬워진다. 하라구치 선수의 뛰어난 유연성이 이것
을 가능케 했다.

고 가정해 봅시다. 볼은 이미 수비수를 돌파한 상태이므로 수비수는 공격수의 몸을 직접 막으려 합니다. 이때 보통은 몸을 부딪치거나 손으로 저지하는데, 하라구치 선수는 몸을 부딪히거나 어깨를 잡혀도 중심을 잃지 않고 돌파할 수 있기 때문입니다.

'이런 식이라면 로직이 들어맞지 않는 거 아닌가?' 이렇게 생각하는 사람이 있을지 모르겠습니다. 그러나 제 이론은 누구라도 돌파 성공률 99%에 달하는 드리블을 디자인한다는 목표로 만들어진 것이며, 이런 '개성'을 부정하는 것은 아닙니다.

하라구치 선수의 경우는 '수비수가 발을 최대한 뻗어도 아슬아슬하게 닿지 않는 거리'가 '수비수와 접촉하더라도 아슬아슬하게 뿌리칠 수 있는 거리(거리가 약간 단축됨)'로 치환될 뿐입니다. 유지해야 할 수비수와의 거리가 조금 짧아짐에 따라 기회가 더욱 확대되어 결정적인 타이밍을 만들어내기 쉬워지는 것이지요.

단, 그렇다고는 해도 수비수와 접촉하지 않고 돌파하는 것이 가장 확실한 방법임에는 변함이 없습니다. 이런 점을 고려해 저는 하라구치 선수에게 '수비수가 발을 최대한 뻗어도 아슬아슬하게 닿지 않는 거리'를 정확히 알고, '발이 닿지만 아슬아슬하게 제칠 수 있는 거리'와 확실히 구분한 다음, 경기 상황에 따라 적절히 사용할 것을 제안했습니다. 수비수와 접촉하지 않는 돌파가 기본형이고, 접촉을 무릅쓰고 돌파하는 형태는 응용으로 존재하는 것이지요.

'리스크와 리턴을 저울질하고, 상황에 따라 수비수의 발이 닿지 않는 거리를 낮은 리스크로 돌파한다. 경험과 훈련으로 이런 기준을 구체화해 유연하게 선택함으로써 전체적인 돌파 확률을 높여 성공률 99%에 가까워지도록 만든다.'

이것이 하라구치 선수의 플레이 스타일에 적용한 저의 드리블 디자인입니다.

PART 2

•

반드시 이기는 공간으로의 침투는
어떤 움직임으로 이루어지는가

99% 돌파하는
드리블 이론
- 테크닉편 -

▼

테크닉을
익히는 순서

역산적 사고로 익혀야 할 테크닉을 구체화한다

99% 돌파하는 드리블을 만드는 로직은 성공적인 돌파를 위한 최적의 간격으로 침투하는 것입니다. 구체적으로는 수비수의 발이 닿지 않는 거리를 유지하는 가운데, 원을 그리면서 우회해 레디 앤 고로 돌파할 수 있는 각도까지 들어가는 것이었지요.

PART 2에서는 앞에서 설명한 로직(트릭)을 실제로 구사하기 위한 세부적인 테크닉(손놀림)을 소개합니다. 지금까지 살펴본 로직은, 이런 원리로 움직이면 돌파할 수 있다는 이상적인 구조를 그린 것입니다. 따라서 여러분은 다음과 같은 현실적인 의문이 들었을 거예요.

- 수비수의 발이 닿지 않는 범위는 어떻게 알 수 있는가?
- 원형으로 우회하려면 어떻게 움직여야 하는가?
- 이길 수 있는 각도에서 '레디 앤 고'를 하는 구체적인 요령은 무엇인가?

로직이 탁상공론으로 남는 것을 방지하기 위해 이러한 의문을 해결할 수단, 즉 테크닉을 소개하겠습니다. 다만 지금부터 이야기할 테크닉은 제가 경험적으로 익히고 가장 유용하다고 판단한 것일 뿐 '절대적으로 옳다'는 확증이 있지는 않습니다. 이 테크닉을 구사함으로써 제가 5,000명이 넘는 사람을 돌파한 사실은 분명하지만, 더 좋은 방법이 있을지도 모릅니다. 한마디로 **로직을 실현할 수만 있다면 수단(테크닉)은 무엇이든 상관없다**는 뜻이지요.

여기서는 제가 효율적이라고 생각하는 볼 터치 방식이나 몸을 움직이는 요령을 소개할 예정입니다. 제가 안내하는 방법을 실행해 보면서 여러분의 것으로 만들어 보기 바랍니다. 신체 조건이 뛰어나다고 말하기 어려운 제가 드리블로 수많은 수비수를 돌파해 온 테크닉인 만큼 분명 도움이 될 거예요.

먼저 73쪽에서 제기한 물음 중에서 '이길 수 있는 각도에서 레디 앤 고를 하는 구체적인 요령은 무엇인가'부터 생각해 봅시다.

드리블의 흐름으로 보면 레디 앤 고로 돌파하는 것은 가장 마지막 단계로, 순서가 바뀐 것 아니냐고 생각할 수 있습니다. 분명히 드리블 동작은 **수비수의 발이 닿지 않는 위치로 간다 → 원을 그리며 우회한다 → 레디 앤 고**의 순서로 이루어집니다. 그러나 저는 이것을 역산해 익힐 것을 권합니다.

마지막 단계인 레디 앤 고로 수비수를 제치는 동작부터 시작하는 이유는 다음의 세 가지 장점이 있기 때문입니다.

① 결과로 직결되기 때문에
② 동기 부여가 되기 때문에
③ '레디 앤 고' 단독으로도 돌파가 이뤄질 수 있기 때문에

그러면 각각의 이유를 구체적으로 살펴볼까요?

 레디 앤 고부터 훈련하는 이유

❶ 결과로 직결된다

분명히 동작의 흐름은 '수비수의 발이 닿지 않는 위치로 간다 → 원을 그리며 우회한다 → 레디 앤 고!'이지만, 레디 앤 고로 달려나가는 단계에서 실수하면 그전까지의 동작은 모두 헛수고가 되어 버립니다. 수비 돌파라는 목적을 달성하려면 레디 앤 고

의 성공은 필수 요건입니다.

골프에 비유하면 레디 앤 고는 '퍼팅'입니다. 첫 타에 볼을 그린에 올려놓더라도 퍼팅이 서툴러서 5타 만에 홀에 집어넣는다면 결과는 참혹할 뿐이죠. 먼저 레디 앤 고를 확실히 연마해 놓는 것이 99% 돌파 성공이라는 결과로 직결됩니다.

❷ 동기 부여가 된다

저는 레디 앤 고가 최강의 무기라고 생각합니다. 이것을 익히면 드리블로 돌파할 때의 감각을 실감할 수 있지요. 특히 지금까지 드리블 돌파에 성공한 적이 없었던 사람에게는 전혀 다른 세계가 펼쳐질 것입니다. 그러면 '이왕 이렇게 레디 앤 고를 열심히 훈련했으니 전 단계 동작까지 습득하고 싶다'는 의욕도 강해지기 마련입니다.

다시 골프를 예로 들면, 퍼팅 단계에서 99% 확률로 볼을 홀에 넣을 수 있게 된다면 드라이버나 아이언을 연습할 때의 의욕도 달라질 것입니다. 드리블도 마찬가지예요. 먼저 돌파한다는 감각을 익히는 것부터 시작합시다.

❸ '레디 앤 고' 단독으로도 돌파가 성립한다

사실 이게 가장 큰 이유라고 할 수 있습니다. 로직편에서 말한

'성공적인 돌파를 위한 최적의 간격'은 **꼭 수비수와의 거리를 가늠하면서 우회해야지만 도달할 수 있는 장소는 아니기 때문**입니다. 패스를 받은 순간, 이미 성공적인 돌파를 위한 최적의 간격에 위치하는 것도 충분히 가능한 일입니다.

예를 들어 오프 더 볼의 움직임으로 성공적인 돌파를 위한 최적의 간격에서 패스를 받은 경우에는 트래핑한 직후 레디 앤 고로 달려나가면 반드시 돌파할 수 있습니다. 또는 앞에서 소개한 이니에스타 선수의 예처럼 동료를 이용해서 성공적인 돌파를 위한 최적의 간격을 만들어내는 것도 가능합니다.

어떤 형태로든 기껏 최적의 공간에 들어갔는데도 레디 앤 고를 하지 못한다면, 그보다 안타까운 일은 없겠지요. 이처럼 상황에 따라서 레디 앤 고만으로도 드리블 돌파가 가능한 이상 이 테크닉부터 먼저 훈련하지 않을 이유가 없다는 뜻입니다.

서론이 다소 길었는데요. 이어서 레디 앤 고로 수비수를 제치는 실전 테크닉인 '거스러미 터치'를 소개하겠습니다.

레디 앤 고의 자세로
실시하는
거스러미 터치

⚽ 거스러미로 볼을 차는 것이 아니라 옮긴다

레디 앤 고를 할 때 저는 거스러미 터치라고 이름 붙인 볼 터치로 컨트롤합니다. 본래 '거스러미'는 손발톱 주변의 살이 얇게 터져 일어나는 부분을 가리키는 말이지만, 여기서는 **엄지발톱의 뿌리 부분을 '거스러미'라고 지칭하고, 그 부위를 사용해서 볼을 터치하는 것을 '거스러미 터치'**라고 부르겠습니다.

거스러미 터치는 직선 드리블의 기본이자 핵심적인 테크닉입니다. 최고 속도로 드리블을 하기 위해서는 거스러미 터치가 꼭 필요하며, 99% 돌파하는 드리블 이론에서도 가장 중요한 테크닉입니다.

이렇게 단언할 만큼 저는 이 테크닉을 비장의 무기처럼 사용하고 있습니다. 거스러미 터치는 그림 12를 보면 알 수 있듯이 엄지발가락 뿌리 부분의 측면을 사용합니다. 그 부위로 볼을 '차는' 것이 아니라 '옮기듯이' 터치합니다. 이때 절대 인스텝은 사용하지 않습니다. 인스텝으로 차면 볼이 몸에서 멀리 날아갈 가능성이 있어 빼앗길 수 있기 때문입니다. 볼을 옮기는 터치를 구사하기 위해 거스러미를 사용합니다. 거스러미 터치는 볼을 몸

[그림 12] 거스러미 터치

거스러미 터치는 직선 드리블의 기본이다. 엄지발톱의 뿌리 부분으로 볼을 터치한다.

POINT

거스러미 부위는 발의 옆부분(인사이드)이
아니라 그림처럼 엄지발톱의 뿌리 부분이다.
이 부위로 볼을 차는 것이 아니라 옮기듯이
터치한다.

에서 멀리 떨어뜨리지 않고 옮길 수 있게 해 줍니다.

그리고 동시에 중요한 것이 '전력 질주'입니다. 로직편에서 '드리블을 스프린트 속도에 가능한 한 근접하게 만드는 것이 자신이 할 수 있는 가장 빠른 드리블을 구사하는 길'이라고 설명했습니다. 그런데 최대한 스프린트에 가까운 속도로 드리블해야겠다고 생각하면, 아무래도 볼 터치가 방해 요소처럼 여겨집니다. 볼 터치만 없다면 풀 스피드로 달릴 수 있으니까요.

물론 볼 터치가 없으면 그건 이미 드리블이 아니지요. 그렇기에 여기서는 볼 터치의 존재감을 최대한 지운다는 사고가 중요합니다. 어떤 느낌을 연상하냐면 볼 터치를 하면서 전력 질주하는 게 아니라 **'전력 질주를 하는 김에 볼 터치'**를 하는 이미지입니다. 볼 터치는 부수적인 요소가 되는 거예요.

하지만 이런 볼 터치는 프로 선수도 애를 먹을 만큼 섬세한 감각이 필요합니다. '하는 김에'라고 표현했지만, 사실은 상당히 까다로운 동작입니다.

그럼 거스러미 터치를 하는 요령을 본격적으로 살펴보겠습니다. 제가 무척 즐겨 쓰는 비장의 무기를 여러분도 잘 활용할 수 있었으면 합니다.

기본은 레디 앤 고의 자세

거스러미 터치는 레디 앤 고로 달려나갈 때의 자세 그대로 실시합니다. 속도를 높이기 위한 최적의 자세로, '스프린트를 하는 김에 볼 터치를 한다'는 이미지를 떠올리면 자연스럽게 이해할 수 있을 거예요.

중요한 것은 두 발과 볼의 위치 관계입니다. 레디 앤 고의 자세를 취한 상태에서 앞에 둔 발을 '지지발', 뒤에 둔 발을 '차는 발'이라고 할 때, 볼을 어디에 둬야 할까요?

답은 **'지지발보다 뒤쪽에 볼을 둔다.'**입니다. 좀 더 자세히 말하면 **차는 발과 가까운 위치에 두는 것**이 이상적입니다. 그림 13은 레디 앤 고의 자세에서 거스러미 터치를 실시하는 모습입니다. 볼이 지지발 쪽으로 상당히 치우친 예이긴 합니다만, 이 상태에서 전력으로 스타트 대시를 하는 '김에' 거스러미 부위로 볼을 터치합니다. 여기서 볼을 지지발보다 뒤쪽, 차는 발과 가까운 위치에 두는 이유는 무엇 때문인지 알아봅시다.

❶ 차는 발과 가까운 위치에 볼을 두는 이유

레디 앤 고에서 급격히 가속하는 움직임에 겸해 볼을 터치하

[그림 13] 레디 앤 고의 자세에서 실시하는 거스러미 터치

지지발의 뒤쪽, 차는 발 근처에 볼을 둔다.

전력으로 스타트 대시를 하는 '김에' 거스러미 부위로 볼을 터치하며 세로로 돌파한다.

거스러미 터치 후 자연스러운 자세로 달려서 수비수를 따돌린다.

는 것이 거스러미 터치입니다. 그런데 이를 직접 해 보면 볼이 어딘가로 멀리 날아가 버리는 상황도 있을 것입니다. 이런 현상 은 급격하게 가속한 상태에서 볼을 강하게 차 버릴 때 나타납니 다. 하지만 거스러미 터치는 차는 것이 아니라 어디까지나 옮긴 다는 느낌으로 실시하는 것이 중요합니다.

그렇다면 어떻게 움직일 때 볼을 차 버리게 되는 것이고, 어 떤 부분을 유의해야 볼을 옮기듯이 터치할 수 있을까요? 핵심은 터치하는 순간 발의 속도입니다. 레디 앤 고로 가속할 경우, 발 이 움직이는 속도는 스타트 지점에서 가까울수록 느리고 멀어 질수록 빨라집니다. 당연히 발의 속도가 빠를 때 볼 터치를 하면 볼을 '차게' 되며, 저속일 때 볼 터치를 하면 볼을 '옮길 수' 있습 니다. 요컨대 발이 가속하기 전에 볼을 터치하면 된다는 뜻입니 다. 그러려면 차는 발이 볼과 가깝게 있어야 하지요.

정리하면, 차는 발과 가까운 위치에 볼을 두면 가속하기 이전 에 볼을 터치할 수 있으므로 볼을 차는 것이 아니라 옮기듯이 컨 트롤할 수 있습니다.

❷ 지지발보다 뒤쪽에 볼을 두는 이유

그림 14와 같이 지지발이 볼보다 앞에 있는 자세를 **'지지발 프 론트(Front)'**라고 부르겠습니다. 지지발 프론트의 자세에서 거

[그림 14] 지지발 프론트

■ 지지발 프론트란?

지지발이 볼보다 앞에 있는 자세를 가리켜 '지지발 프론트'라고 말한다. 지지발 프론트를 하는 것과 하지 않는 것은 거스러미 터치 후의 한 걸음이 1미터 이상 차이가 있으며, 가속 수준도 현저히 다르다.

차는 발을 크게 내디딘다.

지지발

■ 지지발 프론트로 좀 더 깊은 각도로 침투한다

침투한 각도

POINT

지지발은 볼보다 반걸음 앞으로 나와 있으므로, 이 시점에 이미 반걸음 더 깊은 각도로 침투한 셈이 된다.

스러미 터치를 하면 볼을 옮기는 터치를 할 수 있을 뿐만 아니라 거스러미 터치를 실시한 발을 더 멀리 착지시킬 수 있다는 이점이 있습니다. 요컨대 지지발 프론트는 세로 방향으로 크게 발을 내딛기 위한 도약대 같은 역할을 하는 것이죠. 지지발 프론트를 하는 것과 하지 않는 것은 거스러미 터치 후의 한 걸음이 1미터 이상 차이 나며, 가속 수준도 현저히 차이 납니다.

또한 지지발 프론트에는 좀 더 깊은 각도로 침투한다는 기술적인 요소도 포함되어 있습니다. '반드시 이길 수 있는 각도로 침투하는 방법'은 뒤에서 다시 설명하겠지만, 지지발 프론트 자체에도 침투의 요소가 있으므로 먼저 간단히 살펴보겠습니다.

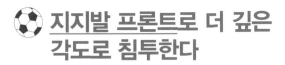

⚽ 지지발 프론트로 더 깊은 각도로 침투한다

PART 1에서 간격과 각도에 관해 살펴보면서 수비수가 볼과 골문 사이에 서야 유효한 수비가 성립한다고 언급했는데, 여기서는 그 이론을 역이용합니다. 예를 들어 지지발 프론트로 볼을 옮기는 공격수에게 수비수가 이론대로 수비한다면, 볼과 골문을 연결하는 직선상에 설 것입니다. 그러나 **지지발은 볼보다 반걸음 앞으로 나와 있으므로 이 시점에 이미 반걸음만큼 더 깊은 각도**로 들어가 있는 셈이 됩니다.

이 테크닉은 실전에서 매우 유용합니다. 직선 드리블로 돌파당한 수비수가 '어라? 왜 뚫린 거지?'라고 의아해할 만큼 은밀히 침투할 수 있죠. 이론이 먹히지 않는다며 상대방을 혼란스럽게 만드는 효과도 있습니다.

만약 수비수가 직선 드리블을 경계해 **공격수와 골문 사이에 선다면 이번에는 컷인 코스가 열립니다.** 이처럼 지지발 프론트는 거스르미 터치와 한 세트로, 로직을 실현하기 위한 필수 테크닉이므로 반드시 마스터하기를 권합니다.

사실 자신도 모르는 사이 자연스럽게 지지발 프론트를 사용하고 있는 사람이 많을 것이라 생각합니다. 그러나 '가속하기 위해서, 효과적으로 침투하기 위해서'라는 의미를 이해한 상태에서 실시하면 그 위력이 더욱 커져 강력한 무기가 될 수 있습니다.

거스르미 터치 역시 이미 감각적으로 구사하고 있는 사람이 있을지 모르지만, 확고하게 숙련한 사람은 많지 않을 것입니다. 거스르미 터치는 제가 지금의 돌파 실력을 쌓는 데 가장 크게 기여한 테크닉이며, 최강의 무기입니다. 달려나가는 힘을 끌어내는 지지발 프론트와 거스러미 터치의 효용을 정확히 이해하고, 스프린트 속도에 최대한 가까워지는 빠른 드리블을 부단히 연습하기 바랍니다.

다음으로는 원을 그리며 침투하는 요령을 자세히 알아보겠습니다.

원을 그리며
이기는 각도로
들어가는 방법

⚽ 다각형을 그리며 우회한다

성공적인 돌파를 위한 최적의 간격으로 침투하기 위한 수단이 바로 '원을 그리며 우회하기'입니다. 수비수와의 거리를 유지한 채 각도를 변화시켜서 돌파가 가능한 각도(위치)까지 침투하는 테크닉이지요.

하지만 볼이 지면에서 원의 궤적을 그리며 움직이는 것은 현실적으로 불가능합니다. 기본적으로 볼은 직선으로 구르기 때문이에요. 따라서 터치 수를 늘려 '원에 가까운 다각형'을 그리는 수밖에 없습니다. 세밀한 터치를 통해 최대한 원에 가까운 다각형을 그리면서 우회합니다.

이때 터치를 자주 하는 이유가 단순히 원에 가까운 다각형을 그리기 위해서만은 아닙니다. 수비수가 언제 발을 뻗어 올지 모르기 때문이죠. Not 10 게임에서 이야기했듯이 수비수가 '6, 7, 8'을 말했다면 기회를 놓치지 말고 '9'를 외쳐야 하는 것, 즉 더블 터치로 타이밍을 빼앗아 돌파해야 합니다. 그러기 위해서는 돌발적인 사태에 빠르게 대응할 수 있도록 볼을 자주 터치할 필요가 있습니다.

원을 그리며 우회하는 도중, 수비수가 갑자기 발을 뻗어도 즉

시 대응할 수 있는 이 테크닉을 저는 '임전(臨戰) 터치'라고 부릅니다.

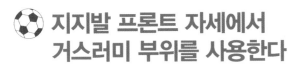 지지발 프론트 자세에서 거스러미 부위를 사용한다

수비수가 언제 발을 뻗어오더라도 즉각 대응할 수 있는 **임전 터치**는 그야말로 임전 태세(전쟁에 임하는 자세)로 볼을 옮기는 테크닉입니다. 한마디로 설명하면 **언제든 레디 앤 고로 달려나갈 수 있도록 지지발 프론트 자세로 볼을 옮기는 것**이지요.

볼 터치도 언제든지 직선 드리블을 할 수 있도록 거스러미 부위를 사용합니다. 지지발 프론트 자세에서 거스러미 부위를 사용해 사이드스텝을 밟듯이 볼을 움직입니다.

이때 주의할 점은 절대 볼이 지지발보다 앞으로 나가지 않도록 하는 것입니다. 볼이 지지발보다 앞으로 나가 버리면 레디 앤 고로 달려나갈 수 없습니다. 즉 거스러미 터치를 쓸 수 없다는 뜻이지요. 언제든 거스러미 터치를 쓸 수 있도록 볼은 '지지발보

[그림 15] **원을 그리며 우회하는 임전 터치**

■ 다각형을 그리며 우회한다

POINT

잦은 터치로 원에 가까운 다각형의 궤적을 그리며 우회한다.

■ 임전 터치란

임전 터치는 수비수가 언제 발을 뻗어 오더라도 민첩하게 대응할 수 있는 기술로, 말 그대로 '전쟁에 임하는 태세'로 볼을 옮기는 테크닉이다.

다 뒤' 그리고 '거스러미 터치를 하는 발과 가까운 위치'에 둬야 합니다.

임전 터치는 동작이 세세한 만큼 힘 조절이 까다로운데, 먼저 거스러미 부위로 볼을 깎듯이 자주 터치하며 옮기다가 단숨에 거스러미 터치로 가속하는 연습을 해 두면 도움이 될 거예요.

우회하면서 이기는 각도로 침투할 때도 거스러미 부위를 사용하고, 레디 앤 고로 달려나갈 때도 거스러미 터치를 쓰기 때문에 혼란스러울 수 있습니다. 양쪽 모두 지지발 프론트의 자세에서 '거스러미'를 사용하지만, 스프린트에서 사용하는 테크닉이 거스러미 터치이고, 원을 그리며 우회할 때 사용하는 테크닉이 임전 터치라고 기억하기 바랍니다.

알아둘 점이 또 하나 있는데, 임전 터치에는 스피드가 없습니다. 언제라도 가속할 수 있는 준비를 하는 만큼 이동 속도는 느립니다. 그러므로 임전 터치는 수비수가 발을 최대한 뻗어도 아슬아슬하게 닿지 않는 거리에서 우회할 때 외에는 사용하지 않는 것이 철칙입니다.

다음 레슨에서는 수비수가 발을 최대한 뻗어도 아슬아슬하게 닿지 않는 거리를 쉽게 가늠하는 방법을 알아봅니다.

Check Point

POINT 1

테크닉은 '레디 앤 고'부터 익힌다

● '성공적인 돌파를 위한 최적의 간격'으로 들어가는 방법은 다양하다. 그러나 최종적으로 '레디 앤 고'를 할 수 없으면 돌파는 불가능하다.

POINT 2

레디 앤 고는 거스러미 터치로 실행한다

● 레디 앤 고로 달리는 '김에' 볼 터치를 한다. 어디까지나 달리기가 우선!
● 인스텝이 아니라 엄지발가락의 뿌리 부분인 '거스러미'로 볼을 터치한다.
● 볼은 지지발보다 뒤쪽에(지지발 프론트), 볼을 터치하는 발과 가까운 위치에 둔다.

POINT 3

임전 터치로 원을 그리면서 우회한다

● 실제로 원의 궤적을 그리며 볼이 구르는 것은 불가능하므로 잦은 터치로 다각형을 그리면서 이동한다.
● 임전 터치는 지지발 프론트의 자세에서 거스러미 부위로 볼을 터치해, 원을 그리듯이 볼을 옮기는 동작이다.
  【지지발 프론트 + 거스러미 부위 사용 = 임전 터치】
● 잦은 볼 터치로 언제라도 달려나갈 수 있는 임전 태세를 유지한다.

리치가 가장 긴
수비수를
가정한다

발을 한껏 뻗어도 아슬아슬하게 닿지 않는 자신의 거리를 안다

'수비수가 발을 최대한 뻗어도 아슬아슬하게 닿지 않는 거리를 유지하면서, 원을 그리듯 우회해 레디 앤 고로 돌파할 수 있는 각도로 침투한다.'

이 로직을 실현하기 위한 기반은 수비수가 발을 최대한 뻗어도 아슬아슬하게 닿지 않는 거리를 정확하게 파악하는 것입니다. 실제로 저는 센티미터 단위로 파악하려고 노력하는데요. 처음에 이 말을 들으면 '그런 수준이 되려면 대체 얼마나 많은 경험이 필요할까?'라는 생각에 막막함을 느낄 수도 있겠습니다.

물론 경험은 필요하지만, 거리감을 파악하는 데 도움이 되는 좋은 힌트가 있으니 너무 걱정하지 마세요. 바로 발을 최대한 뻗어도 아슬아슬하게 닿지 않는 '자기 자신의 거리'를 알아두는 것입니다. 수비수가 발을 최대한 뻗어도 아슬아슬하게 닿지 않는 거리는 개인차가 있을지언정 신장에 비례합니다. 즉 키가 큰 선수는 먼 곳까지 발이 닿고 키가 작은 선수는 그보다 짧은 범위까지만 발이 닿습니다.

그러므로 발을 최대한 뻗어도 아슬아슬하게 닿지 않는 자신의 거리를 파악해 놓으면 **수비수와의 신장 차이를 바탕으로 대략적인 범위를 예측**할 수 있지요. 이것은 누구나 당장이라도 할 수 있는 일이니 꼭 실천해 볼 것을 추천합니다.

또 다른 추천 방법은 '리치가 가장 긴 수비수'를 상정해 거리감을 익히는 것입니다. 그러면 어떤 상황에서도 수비수의 발이 닿는 범위 안으로 들어가 버리는 사태를 방지할 수 있습니다. 지나치게 안전을 우선한다고 생각할지도 모르겠습니다만 저는 99% 돌파하기 위해, 반드시 이길 수 있는 위치에서 승부를 내기 위해서 항상 최강의 수비수를 가정하며 플레이합니다.

⚽ 가장 강한 상대의 리치를 상정, 실전 경험을 통해 수정한다

참고로 제가 아는 선에서 리치가 가장 긴 수비수는 전 이탈리아 국가대표이자 2006년 독일 월드컵 우승 주역인 마르코 마테라치 선수입니다. 신장 193cm인 그에게 발을 최대한 뻗게 해서 측정한 결과는 180cm로, 여기에 볼의 지름 22cm(5호 볼)를 더하면

202cm가 됩니다. 그만큼 거리를 두지 않으면 수비수가 볼을 건드릴 위험이 있다는 것이죠. 그리고 이 말은 202cm만 거리를 벌리면 마테라치보다 리치가 긴 극소수를 제외한 거의 모든 수비수가 볼을 건드릴 수 없다는 의미이기도 합니다.

일단 자신이 아는 **가장 강한(리치가 긴) 상대를 상정해 거리를 가늠하는 것이 중요**하며, 나머지는 실전에서의 경험과 비교하면서 수정해 나갑니다. 무심결에 수비수의 발이 닿는 범위 안으로 들어가 버리면 볼을 빼앗기고, 반대로 거리를 너무 벌리면 우회로가 길어져 골문으로부터도 멀어지고 맙니다. 때로는 돌파에 성공하고 때로는 볼을 빼앗기는 시행착오 속에서 거리를 수정해 정확도를 높여 나가세요.

유의할 점은 시행착오의 질을 높여야 한다는 것입니다. 볼을 빼앗기는 원인은 대개 자신도 모르게 수비수의 발이 닿는 범위 안으로 들어가 버렸기 때문이지만, 터치 미스나 판단이 지연된 탓일 수도 있습니다. 볼을 빼앗긴 원인을 고찰하고, 간격을 수정해야 할지 볼 터치를 수정해야 할지를 정확히 파악한 다음 그에 맞는 피드백을 진행하는 것이 성장으로 이어지는 지름길이라 하겠습니다.

상황별로
적절한 터치를
구사한다

풋살에서도 중시되는 스위치

지금까지 거스러미 터치와 임전 터치를 소개했는데요. 이런 테크닉은 일대일 대치 상황에서 수비수를 제치기 위한 것이어서 평범하게 볼을 운반하는 드리블에는 적합하지 않습니다.

저는 볼을 운반하기 위한 드리블을 할 때는 몸보다 앞으로 뻗은 쪽 발끝으로 볼을 터치하는 일명 **'지지발 백(Back)'**을 사용합니다. 속도를 최대한으로 올릴 수 있어 빠른 볼 운반에 가장 적합합니다.

'지지발 백으로 빠르게 볼을 운반하고, 임전 터치로 우회하며, 거스러미 터치로 돌파한다.' 이것이 대략적인 드리블의 흐름인데, 임전 터치는 지지발 프론트이므로 지지발과 볼의 위치 관계가 지지발 백과는 반대입니다.

지지발 백 → 지지발이 볼보다 뒤에 있다.
지지발 프론트 → 지지발이 볼보다 앞에 있다.

이 전환을 한 번의 터치로 완료하기 위해 **'스위치'**라는 전환용

[그림 16] **지지발 백**

■ **지지발 백이란?**

지지발 백은 몸보다 앞으로 뻗은 발끝으로 볼을 터치하는 것을 말한다(지지발이 볼보다 뒤에 있는 상태). 속도를 최대한으로 올릴 수 있어 볼 운반에 가장 적합하다.

■ **지지발 백에서 스위치**

POINT

지지발 백에서 임전 터치(지지발 프론트)로 이행할 때는 스위치라는 전환용 터치를 사용한다. 스위치는 발바닥이나 인사이드의 모서리 부분을 사용해 볼을 위에서 할퀴는 느낌으로 실시하면 쉽다.

터치를 사용합니다. 스위치는 지지발보다 앞에 있는 볼을 (임전 터치를 위해) 원 터치로 지지발 뒤에 오도록 만드는 테크닉입니다.

동작은 간단합니다. 볼을 위에서 깎듯이 터치하면 볼이 뒤로 따라가듯이 굴러가므로 지지발과 볼의 관계를 일순간에 전환할 수 있습니다. 풋살에서는 매우 대중적인 동작으로, '볼을 핥는다'고 표현하기도 합니다. 축구화와 볼 사이에 마찰력이 작용해야 하므로 스파이크로 하기 다소 까다로울 수 있지만, 네이마르 선수나 호나우지뉴 선수 등 풋살 경험이 많은 스타 선수들도 자주 사용하는 매우 효과적인 테크닉입니다(발바닥이나 인사이드의 모서리 부분을 사용해 볼을 위에서 할퀴는 느낌으로 실시하면 쉬움). 이 스위치를 사용해 지지발 백에서 지지발 프론트로 원활하게 전환합니다.

정리하면 이런 흐름으로 요약할 수 있습니다(그림 17). '지지발 백으로 볼을 빠르게 운반 → 스위치를 사용해 지지발 프론트로 전환 → 임전 터치로 우회 → 거스러미 터치로 돌파!'

이로써 직선 드리블이 이루어집니다. 지금까지 소개한 테크닉을 마스터하면 (Not 10 게임에서) 6을 말하는 상대방, 그러니까 발을 내밀지 않고 기다리는 수비수를 그대로 돌파할 수 있습니다. 수비수가 움직이지 않는다는 것이 전제이므로 수비수 대신

[그림 17] 드리블의 흐름

| 지지발 백으로 볼을 운반한다. ▶ | 지지발 프론트로 전환하는 스위치. ▶ | 임전 터치로 우회한다. ▶ | 이길 수 있는 각도에 들어갔다면 레디 앤 고의 자세로. ▶ | 거스러미 터치로 단숨에 돌파한다. |

콘을 세워 놓고 연습해도 좋을 것입니다.

　이때 가장 신경 써야 할 포인트는 레디 앤 고로 달려나갔을 때의 속도를 스프린트 속도에 근접하게 만드는 것입니다. 볼이 없으면 빨리 달리지만, 볼 터치에 의식을 집중한 나머지 이 사실을 잊어버리는 사람이 많습니다. 자신의 본래 스피드를 최대한 끌어내 자기 기록을 경신하는 최고 속도의 직선 드리블을 펼칠 수 있도록 부단히 연습하기 바랍니다.

컷인 코스를 여는 전제 조건은 종적 압박

앞에서 직선 드리블이야말로 가장 빠른 드리블이라고 여러 차례 강조한 바 있습니다. 그렇기에 끊임없이 직선 드리블을 시도하는 드리블러는 수비수에게 위협적인 존재일 수밖에 없습니다.

한편 직선 드리블을 계속 시도하면 컷인 코스가 열린다는 사실도 이누이 선수의 사례에서 언급했지요. 그러나 직선 드리블을 계속 시도할지라도 세로 방향으로밖에 가지 못하는 자세(폼)라면 컷인 코스가 쉽게 열리지 않을뿐더러 컷인 드리블을 펼치기도 어렵습니다.

여기서는 컷인 코스를 여는 방법을 알아보겠습니다. 컷인 코스를 여는 방법을 한마디로 표현하면 '종적 압박에서의 페인팅'입니다. '직선 드리블로 들어온다!'라는 압박감을 느낀 수비수를 페인팅으로 후퇴시킨 다음 컷인을 하는 방식입니다. 포인트는 **종적 압박**입니다. 이 압박이 이뤄지지 않으면 페인팅을 걸어도 수비수가 뒤로 물러나지 않습니다.

먼저 종적 압박이란 무엇인지 생각해 볼까요. 상대가 언제 직

■ 컷인의 성공 사례

선 드리블을 할지 알 수 없는 긴장감, 수비수가 '온다, 온다!'라고 느끼는 압박감을 저는 종적 압박이라고 말합니다. 종적 압박은 아래의 요건에 따라 만들어집니다.

① 지금까지 몇 번이나 직선 드리블을 시도했는가?
② 언제라도 달려나갈 수 있는 상태인가?
③ 직선 드리블인지, 컷인인지 수비수가 예측을 좁힐 수 없는 상태인가?

①은 이누이 선수의 이야기에서 보았듯이 직선 드리블의 포석을 까는 것입니다.

②는 임전 터치를 확실히 하고 있으면 수비수가 그렇게 생각하도록 만들 수 있습니다. 이런 플레이는 '정말로 직선 드리블을 할지 모른다'는 수비수의 예측을 강화합니다.

그리고 포인트는 ③의 요건입니다. '수비수가 종적 압박을 느끼도록 만들고 싶다면, 컷인의 요소는 필요 없지 않을까?' 이렇게 생각할 수도 있습니다. 하지만 수비 입장에서 드리블 코스를 한쪽으로 좁힐 수 있는 드리블러는 그리 무섭지 않습니다. 애초

[그림 18] 종적 압박

■ 다음의 세 가지 요소가 종적 압박을 만들어낸다.

① 지금까지 몇 번이나 직선 드리블을 시도했는가?
② 공격수는 언제라도 달려나갈 수 있는 상태인가?
③ 직선 드리블인지, 컷인인지 수비수가 예상을 좁힐 수 없는 상태인가?

POINT

마음속으로는 직선 드리블인지 컷인인지 결정했을지라도, 항상 똑같은 자세로
종적 압박을 가한다.

에 드리블로 돌파할 때의 선택지는 둘뿐인데, 그것이 한 방향으로 굳어진다면 가능성이 절반으로 줄어들어 수비가 훨씬 편해지기 때문이지요. 설령 따라잡을 수 없을 만큼 스피드가 무시무시한 드리블러라 해도 '이 선수는 직선 드리블밖에 안 한다.'라는 것을 알고 있으면 두 번째 수비수를 배치해서 대응하면 될 뿐입니다.

그럼 어떻게 해야 직선 드리블인지 컷인인지 예상을 좁힐 수 없는 상태를 만들 수 있을까요? 지금까지 드리블은 세로가 최우선이라고 강조해 왔으므로, 중앙으로 컷인할 것 같은 분위기를 만드는 게 그리 간단하지는 않을 것입니다.

그래서 저는 **'좌우 분업'**이라는 발상을 도입합니다. 왼쪽 사이드에서 '세로로 간다, 세로로 간다.'라는 느낌을 주는 임전 터치를 하고 있을 때도 기세 좋게 직선 드리블을 노리는 부분은 몸의 왼쪽 절반뿐입니다. 오른쪽 반은 컷인 코스가 열리기를 호시탐탐 노리며 그 순간을 준비한다는 생각으로 플레이합니다.

요컨대 몸의 왼쪽 절반은 '직선 드리블의 스페셜리스트', 오른쪽 절반은 '컷인의 스페셜리스트'로서 움직이는 것이지요. 그렇게 하면 수비수가 공격수의 자세를 보고 방향을 예측하기가 어려워지고, 그 결과 세로와 중앙 그 어느 쪽으로도 유리하게 돌파를 시도할 수 있습니다.

[그림 19] 좌우 분업

OK

몸의 오른쪽 절반은 '컷인의 스페셜리스트'

왼쪽 절반은 '직선 드리블의 스페셜리스트'

몸의 왼쪽 절반은 세로 방향으로 돌파하려는 듯한 자세지만, 오른쪽 절반은 컷인 코스가 열리는 순간을 노리며 준비한다.

NG

세로 방향밖에 갈 수 없는 자세라면 수비수에게 코스를 읽히기 쉽다.

POINT

직선 드리블일지, 컷인일지 수비수가 예상을 좁힐 수 없는 상태를 만드는 것이 중요하다.

정리하면, 아래의 세 가지가 갖춰지면 종적 압박이 만들어집니다.

① 직선 드리블을 시도해 놓는다.
② 언제라도 달려나갈 수 있는 임전 터치.
③ 좌우 분업으로 수비수가 예측을 좁히지 못하게 한다.

종적 압박에서의 페인팅으로 수비를 흔든다

예를 들어 계속해서 직선 드리블을 걸었던 상황이라 언제 직선 드리블을 시도하더라도 이상하지 않은 상태, 직선 드리블인지 컷인인지 예상을 좁힐 수 없는 상태라고 합시다. 이렇게 수비수의 긴장감이 고조되었을 때, 공격수가 직선 드리블을 하려는 듯이 지지발을 앞으로 '탁' 하고 내디딘다면 어떻게 될까요? 수비수는 크게 뒤로 물러설 수밖에 없고 그 순간 컷인 코스가 열릴 것을 상상하기는 어렵지 않습니다. 그 타이밍을 놓치지 않고 컷 인으로 달려나갈 수 있다면 직선 드리블 폼에서의 컷인은 성공입니다.

이렇게 세로 방향으로 가는 척 위장하는 지지발 내딛기가 바로 '종적 압박에서의 페인팅'입니다. 수비수가 거의 넘어간 듯한 종적 압박에서 한 번의 페인트 모션이 컷인 코스를 여는 것이죠. 다만 여기서 한 가지 궁금증이 생길 수 있습니다. '수비수가 페인팅에 반응하지 않으면 어떻게 하지?'라는 의문입니다. 이때는 '세로 방향으로 돌파했어야 한다.'가 답이에요.

다시 Not 10 게임을 떠올려 볼까요? 위의 상황에서 페인트 모션에 반응하지 않는 수비수란, Not 10 게임에서 6을 말한 상대와 같으므로 세로 방향으로 돌파할 수 있었을 겁니다. 거듭 말하지만, 드리블은 세로로 돌파하는 것이 최우선입니다. 최우선 선택지인 직선 드리블이 가능함에도 컷인을 하는 것은 잘못된 판단인 셈이지요.

그러면 어떤 상황에서 세로 방향으로 가고, 어떤 때에 페인팅 후 컷인을 실행해야 할까요? 이 판단의 근거가 되는 것이 임전 터치로 우회하고 있을 때 수비수가 보이는 움직임입니다. 공격 수가 임전 터치를 하면서 마음대로 각도를 바꿀 수 있다면, 상대는 페인트에 반응하지 않는 '6의 수비수'입니다. 이때는 그대로 직선 드리블로 돌파합시다. 한편 각도를 바꾸지 못하도록 세로 방향의 코스를 차단하는 수비(이른바 세로 차단)를 한다면 세로 방향에 대한 경계심이 강한 수비수이며, 따라서 높은 확률로 페인팅에 걸려들게 됩니다.

충분한 경험을 쌓기 전에는 판단이 쉽지 않겠습니다만, 우회하는 움직임에 대한 수비수의 대응을 보고 얻을 수 있는 단서는 생각보다 많다는 점을 잘 기억해 둡시다.

페인팅에 노력을 쏟지 않는다

종적 압박에서의 원 페인팅으로 수비수를 후퇴시키고 컷인하는 전략에서 주의할 부분은 페인팅에 큰 노력을 기울이지 말아야 한다는 점입니다. 세로로 향하는 것처럼 보이고 싶은 나머지 발을 내딛는 데 주력하느라 컷인이 늦어진다면, 애초에 페인팅을 건 의미가 없습니다.

컷인으로 돌파하기 위해서는 어차피 지지발을 한 번 내디뎌

[그림 20] 컷인을 할 때의 지지발 포인트

지지발이 약간 안쪽으로 향한다.

POINT

'세로로 돌파할 거야'라고 보이고 싶은 나머지, 발끝이 바깥쪽을 향하기 쉬운데 살짝 안쪽을 향하게 해 힘의 방향을 중앙으로 돌려 주면 힘 있는 컷인을 할 수 있다.

야 하므로 이 첫발이 페인트를 겸하면 됩니다. 이때 내디딘 발의 발끝 방향을 특히 주의하세요. '세로로 돌파할 거야!'라고 보이고 싶은 마음에 발끝이 바깥쪽을 향하기 쉬운데, 살짝 안쪽을 향하게 해서 힘의 방향이 중앙을 향해야 힘 있게 컷인할 수 있습니다.

다만 이것 역시 말처럼 쉽지 않아서, 컷인 준비에 몰두하다 보면 컷인을 노리고 있음을 간파당하기 쉽습니다. 그러므로 '세로로 간다!'라는 기세를 뿜으며 세로 방향으로 발을 내디며 봅시다. 설령 마음속에서는 컷인 생각뿐이어도, 수비수가 선택지를 하나로 좁히지 못하도록 페인트를 거는 순간까지 앞에서 이야기한 좌우 분업을 철저히 유지하는 것이 중요합니다.

이런 테크닉에 능숙해지면 '직선 드리블 폼에서의 컷인'도 높은 확률로 성공할 것입니다.

참고로 이런 방법들은 99% 돌파하는 드리블의 로직을 실현하기 위한 테크닉 중 극히 일부에 불과합니다. 경계하는 수비수를 상대로 '침투하는' 요령이나 드리블 돌파 방법은 이외에도 다양하며, 고도의 테크닉이 요구되는 동작들도 많습니다. 다만 그 모두를 글로 담기에는 지면의 한계와 이론적으로 정립하기에 아직 미흡한 부분이 있습니다.

저는 지금도 끊임없이 드리블을 훈련하고 있으며, 전문가나

트레이너와 교류함으로써 다양한 최신 정보를 얻고 이론에 도입한 결과를 홈페이지에 업데이트합니다. 여러 가지 시도 속에서 끊임없이 새로운 발견을 하고, 다른 분야의 사람들과 생산적이고 긴밀한 소통을 이어나가고 있지요. 이처럼 상생하고 발전하고자 하는 노력을 멈추지 않는다면 분명 더욱 고차원적인 드리블 이론과 결과를 도출할 수 있지 않을까 합니다.

Check Point

POINT 1

수비수가 발을 최대한 뻗어도
아슬아슬하게 닿지 않는 거리를 파악한다

● 자신이 발을 최대한 뻗어도 아슬아슬하게 닿지 않는 거리를 기억해 놓고 수비수와의 신장 차이를 근거로 안전한 거리를 가늠한다.
● 가장 리치가 긴 선수를 가정하면 더욱 안전하다.

POINT 2

임전 터치는 느린 드리블

● 수비수가 발을 한껏 뻗어도 아슬아슬하게 닿지 않는 거리에서만 사용한다.
● 스위치를 구사해 순식간에 지지발 백에서 지지발 프론트로 전환한다.
● 일련의 흐름을 기억하자. 지지발 백으로 볼을 운반 → 스위치로 지지발 프론트로 전환 → 임전 터치로 우회 → 거스러미 터치로 돌파!

POINT 3

컷인 코스를 연다

● 컷인을 위해서는 종적 압박에서의 페인트 모션이 중요하다.
● 세로 방향으로의 공격 가능성을 높이는 움직임(직선 드리블 시도, 임전 터치)과 좌우 분업이 종적 압박을 만들어낸다.
● 페인트 모션에 노력을 할애하지 않는다. 컷인의 준비 동작을 겸할 수 있도록 페인팅을 건다.

03

▼

새로운 시대를
열어갈
젊은 에이스,
도안 리츠

현재 일본 국가대표팀의 젊은 에이스로 활약하고 있는 도안 리츠 선수에게 99% 돌파하는 드리블 이론을 소개한 시기는 2018년 6월경입니다. 약속 장소인 네덜란드 헤렌벤의 호텔에 조금 일찍 도착한 제가 밖으로 나가 선수를 맞이하려는 찰나에, 로비로 막 들어오며 활기찬 인사를 건네던 도안 선수의 얼굴이 지금도 생생하게 떠오릅니다.

　무척 소탈한 매력을 지닌 청년이면서도 굉장한 아우라가 느껴졌습니다. 가까이 있으면 압도될 만큼 힘이 넘치는 인상을 받았죠. '이래서 유럽 생활 1년 차에 팀 MVP가 될 수 있었구나.' 하는 생각이 들었습니다. 2017-2018 시즌에는 통산 9득점을 올려 같은 리그에서 뛰는 십 대 선수로는 역대 2위의 기록을 달성했습니다. 아르연 로번이 17세에 기록했던 8득점을 뛰어넘어서 네덜란드 내에서도 화제가 되었으며, 이 때문에 '로번의 재림'이라는 말을 들을 정도였지요.

　체격 조건이 뛰어난 선수가 많은 해외 리그에서 일본인 선수는 발재간이나 패스 감각을 특기로 활약하는 경우가 많은데, 그는 달랐습니다. 체격이 좋은 선수가 특히 많은 네덜란드 리그에서도 강인한 신체를 무기로 싸우며 결과를 내고 있었습니다. 도안 선수는 몸싸움을 당해도 넘어지지 않고 버티면서 골문을 향해 돌진합니다. 이제까지 보기 드물었던 월드클래스의 신체 능

력을 지닌 선수지요.

그런 그가 99% 돌파하는 드리블 이론을 어떻게 생각하고, 어떤 식으로 활용할지 기대 반, 불안 반의 심정으로 소개했습니다. 먼저 상대 수비수로부터 몇 센티미터를 떨어져 있어야 수비수가 볼이나 몸을 건드릴 위험이 없어지는지, 수비수가 발을 최대한 뻗어도 아슬아슬하게 닿지 않는 거리에 관해 이야기했습니다. 격렬한 몸싸움이 벌어지는 경기 속에서 감각적으로만 파악하는 것이 아니라 이론적으로 그 거리를 알아 두면, 좀 더 효율적으로 플레이할 수 있을 뿐만 아니라 부상을 방지하는 데도 도움이 되리라 생각했기 때문입니다.

도안 선수는 이 개념에 크게 공감했고, 자신이 과제로 느끼고 있던 점을 털어 놓았습니다. 그것은 드리블을 시도해 수비수를 제치느냐 마느냐의 아슬아슬한 상황에서 대결을 펼쳤을 때, 드리블 후 패스나 슛이 바로 직전에 저지될 때가 많다는 것이었습니다.

결과적으로 그곳은 '반드시 이길 수 있는 각도'가 아니었던 셈이지만, 반드시 이길 수 있는 각도로 침투하는 데 시간을 들이기보다는 '패스나 슛을 하기 직전에 저지당하는 문제'를 어떻게든 해결해 찰나의 기회를 놓치고 싶지 않다는 것이 도안 선수의 바람이었습니다.

분명히 도안 선수는 아슬아슬하게 돌파하느냐 마느냐의 상황에 뛰어들어 길을 여는 용기와 도전 정신이 강한 선수입니다. '이 강점을 살리면서 드리블을 디자인할 수는 없을까?' 이런 분석 끝에 제안한 것이 '몸을 집어넣는 방법'이었습니다. 말하자면 직선 드리블을 시도한 뒤에 수비수와 나란히 뛰는 것이 아니라 상대의 진로 앞으로 들어가는 방법입니다.

도안 선수는 스피드가 무기인 유형이 아니므로 일단 제쳤던 수비수에게 다시 따라잡힐 위험이 있습니다. 그러므로 나란히 뛰며 스피드로 승부하는 것이 아니라, 드리블의 진로를 바꿔서 **수비수와 볼 사이에 몸을 집어넣음**으로써 '절대 승리의 각도 : 0 도'를 만드는 것이지요. 파울을 범하지 않고는 저지할 수 없는 위치 관계를 만드는 것이 그의 플레이 스타일에 딱 어울린다고 생각했습니다.

사실 이런 전략 자체는 일반적으로 잘 알려진 것인데, 저는 이를 실현하기 위한 테크닉으로 '팔 사용법'을 디자인했습니다. 먼저 네이마르 선수의 영상을 보여주면서 '수비수의 가슴부터 목에 걸친 부분을 밀어서 상대의 무게 중심을 효율적으로 무너뜨리는 것, 이때 바로 옆으로 팔을 뻗는 것이 아니라 비스듬히 뒤로 뻗어서 상대를 봉쇄하는 움직임'을 설명했습니다. 또 수비수가 앞쪽으로 돌아 들어오려고 하면 팔을 사용해 등 뒤에 위치하

[그림 21] 도안 선수에게 소개한 '절대 승리의 각도 : 0도'를 만드는 방법

(예) 수비수를 제치느냐 마느냐의 아슬아슬한 상황

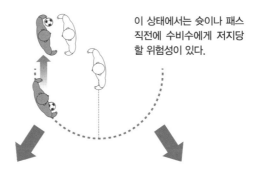

이 상태에서는 슛이나 패스 직전에 수비수에게 저지당할 위험성이 있다.

〈일반적인 개선안〉

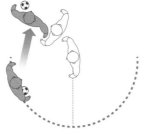

수비수의 진로에 몸을 집어 넣는 것이 일반적.

〈도안 선수에게 맞춘 디자인〉

팔을 사용해서 등 뒤에 오도록 만들어 절대 승리의 각도: 0도에 묶어 놓는다.

POINT

스피드 대결로 몰고 가는 것이 아니라 몸을 집어넣어서 파울 없이는 막을 수 없는 위치 관계를 만든다. 팔을 사용해서 수비수가 등 뒤에 위치하도록 만듦으로써 절대 승리의 각도: 0도의 길을 만든다.

도록 만들어 '절대 승리의 각도 : 0도'에 묶어 두는 응용 사례도 소개했습니다.

그리고 결정적으로 아자르 선수의 예를 들었습니다. 세로 방향으로 돌파한 뒤 대각선 뒤에서 쫓아오는 수비수에 대해 몸을 집어넣는데, 이때 보통과는 다른 쪽 손으로 수비수를 제약하는 방식입니다. 이것은 절대 승리의 각도 : 0도를 사수하면서 결정적인 플레이를 하는 데 보다 유리한 상황을 만드는 궁극의 테크닉입니다.

팔을 사용해 수비수를 억제하는 방법

➡ 대각선 뒤쪽으로 팔을 뻗어 수비수의 가슴부터 목 부분을 민다

팔을 바로 옆이 아니라 비스듬히 뒤로 뻗어 수비수의 가슴부터 목 부분을 밀면 상대를 저지하면서 드리블을 할 수 있다.

➡ 돌아서 앞으로 들어오려는 수비수를 팔로 휘감는다

팔을 사용해서 수비수가 등 뒤에 위치하도록 만듦으로써 '절대 승리의 각도 : 0도'에 묶어 놓는 응용 테크닉. (NG : 팔을 뒤로 뻗어 방어하지 않으면 나란히 옆으로 들어온 수비수에게 볼을 빼앗길 위험이 높아진다.)

➡ 반대쪽 손을 사용해서 제어한다 (바로 이것이 궁극적인 형태!)

세로로 돌파한 뒤, 대각선 뒤쪽에서 오는 수비수의 진행 방향에 자신의 몸을 넣고 평소 쓰는 팔이 아닌 반대쪽 팔로 제어해서 '절대 승리의 각도 : 0도'를 사수하는 테크닉도 있다.

설명을 들은 도안 선수는 새로운 사실을 알았다는 표정으로 "그런 방법이 있었군요!"라며 긍정적인 반응을 보였고, 저를 만나러 헤렌벤까지 오기를 잘했다고 말해 보람을 느낄 수 있었습니다.

로직 측면에서는, 반드시 이길 수 있는 각도로 꼭 들어가지 않더라도 드리블의 진로를 바꿔 몸을 집어넣음으로써 반드시 이길 수 있는 각도를 만든 것이라고 분석할 수 있겠습니다. 강인한 신체 능력과 도전 정신을 겸비한 도안 선수에게 맞춘 드리블 디자인이었습니다.

PART 3

•

세계적인 플레이어의 드리블을
독자적인 관점에서 상세히 분석한다

톱클래스의 플레이와
99% 돌파하는 드리블의
관계

자신에게 맞춰 커스터마이징하고 있는 세계적인 스타 선수들

지금까지 PART 1 로직편에서 '99%의 성공률로 드리블 돌파가 가능한 이유(원리)'를, PART 2 테크닉편에서 '돌파 원리를 실제로 실행할 수 있는 구체적인 요령(테크닉)'을 살펴봤습니다. 지금까지의 내용을 잘 이해했다면 누구나 99% 드리블 돌파를 성공할 수 있다고 자신합니다.

이번 PART 3에서는 시점을 약간 바꿔서 드리블로 대중을 매료시키고 있는 세계적인 스타 선수들에게 초점을 맞춰 보려 합니다. 드리블을 잘하는 선수라고 하면, 축구를 좋아하는 사람이 아니더라도 리오넬 메시 선수나 크리스티아누 호날두 선수를 먼저 떠올릴 것입니다. 그들이 견고한 수비를 돌파할 수 있는 비결은 무엇이고, 또 구체적으로 어떤 플레이로 돌파하고 있는지 궁금하지 않나요?

사실 그들의 드리블도 상당 부분 99% 돌파하는 드리블 이론과 연결되어 있습니다. 다만 하라구치 겐키 선수의 '유연한 상체'처럼 '이론의 틀을 뛰어넘은' 경우가 종종 있습니다. 저는 이런 플레이를 '커스터마이징했다'라고 표현합니다. 다른 선수에게는 없는, 차원이 다른 스피드나 신체 능력이 있으면 꼭 이론대로 하지 않아도 돌파할 수 있습니다. 말하자면 이론을 자신의 특기에 맞게 커스터마이징한 것이지요.

지금부터는 세계에서 이름을 떨치고 있는 스타 플레이어의 드리블을 살펴보고 99% 돌파하는 드리블 이론과 합치하는 부분은 무엇이며, 커스터마이징된 부분은 무엇인지 고찰해 보도록 하겠습니다.

Lesson

01

킬리안 음바페

**특유의 폭발적 스피드로
프랑스 국가대표팀을
우승으로 이끈
스피드스터**

능력 그래프

- 스피드
- 돌파 시도 횟수
- 신체 능력
- 패스
- 테크닉

두려움을 모르는 스피드스터

가장 먼저 소개할 선수는 2018년 러시아 월드컵에서 프랑스 국
가대표팀을 우승으로 이끈 19세의 킬리안 음바페 선수입니다.
미래의 유력한 발롱도르 수상 후보 중 한 명인 음바페 선수는 과
감한 드리블 돌파 시도와 폭발적인 가속력으로 수비수를 뿌리
치는 젊은 드리블러입니다. 세계의 정상급 선수들이 모인 러시
아 월드컵에서도 눈부신 존재감을 발휘했지요.

　음바페 선수의 플레이를 봤을 때 놀라게 되는 점은 무엇보다
도 드리블로 돌파를 시도하는 횟수입니다. 전형적인 액션 드리
블 스타일로, 틈만 나면 돌파를 시도하지요. 오른쪽 사이드에서
돌파를 시도할 때가 많은 음바페 선수는 컷인 자세에서 세로로
빠져나가는 능력이 매우 뛰어납니다(134쪽 일러스트 참조). 지
지발을 내디며 수비수의 자세를 무너뜨린 다음 오른발 아웃사
이드로 직선 드리블을 펼칩니다. PART 2에서 설명한 컷인처럼
기본적인 움직임은 99% 돌파하는 드리블 이론과 동일합니다.

　그러나 오른쪽 사이드에서 보여주는 '직선 드리블 자세로 컷
인' 시에는 직선 드리블 자세가 아직 미완성된 느낌을 받습니다.
이것은 이누이 타카시 선수의 플레이를 디자인했을 때도 마찬

[그림 22] 왼쪽 사이드과 오른쪽 사이드에서의 상반된 드리블 자세

직선 드리블   컷인

《왼쪽 사이드》

왼쪽 사이드에서 드리블하는 상황에서는 직선 드리블과 컷인을 위 그림과 같은 자세로 하지만, 오른쪽 사이드에서는 아래 그림과 같이 자세가 반전된다.

직선 드리블   컷인

《오른쪽 사이드》

오른쪽 사이드에서 드리블하는 상황에서는 컷인 자세로 직선 드리블을, 직선 드리블 자세로 컷인을 하는 편이 좋다.

POINT

오른쪽 사이드에서는 직선 드리블과 컷인이 왼쪽 사이드에서의 움직임과 반전된 형태를 띤다. 골대 방향이 90도 바뀌는 이미지. 음바페 선수는 오른쪽 사이드에서 시도하는 컷인 자세에서의 직선 드리블 능력이 매우 뛰어나다. 여기에 직선 드리블 자세에서의 컷인(오른쪽 아래 사진)까지 정교하게 익힌다면 더욱 경이적인 플레이를 펼치는 선수가 될 것이다.

가지였습니다.

　물론 음바페 선수의 경우는 컷인 자세로 펼치는 직선 드리블의 위력이 너무나도 강력하기에 직선 드리블 자세에서 컷인으로 돌파할 필요가 없을지도 모릅니다. 이 점이 음바페 선수의 플레이에서 커스터마이징된 부분일 것입니다.

　다만 아직 완전하지 않은 지금의 '직선 드리블 자세에서의 컷인'(그림 22 오른쪽 아래 사진 참조)을 아무도 저지할 수 없는 차원까지 끌어올릴 가능성이 잠재해 있음은 기억해 둘 만한 요소입니다. 언젠가 음바페 선수의 '직선 드리블 자세에서의 컷인'을 디자인해 보고 싶네요.

Lesson
02
▼

네이마르
독특한 리듬감을 지닌
변환 자재의
드리블러

능력 그래프

스피드

돌파 시도
횟수

신체 능력

패스ㅇ

테크닉

독특한 리듬감으로 허를 찌르고 다채로운 페인트를 구사한다

이번에 소개할 선수는 차세대 넘버원으로 기대받는 브라질 국가대표 네이마르 선수입니다. 네이마르 선수의 플레이 스타일은 99% 돌파하는 드리블 이론과 거의 일치합니다.

그는 직선 드리블이 특기이며, 그중에서도 '역방향 스텝'이라는 테크닉이 유명합니다. 역방향 스텝은 반대 방향으로 한 번 강하게 내디딤으로써 지면 반력(지면에서 얻는 반작용의 힘)을 활용해 직선 드리블을 하는 테크닉인데, 저도 이에 가까운 드리블을 구사하고 있습니다. 그리고 이런 위력적인 직선 드리블을 이용해서 컷인 코스를 여는 스타일인 까닭에 저의 드리블 이론과 공명하는 부분이 많습니다.

발이 매우 빠른 네이마르 선수는 150도 정도의 각도에서도 거침없이 돌파를 시도합니다. 그러나 이것도 그에게는 '반드시 이길 수 있는 각도'이기에 로직에 깔끔하게 들어맞습니다. 또한 그의 대명사인 독특한 리듬감으로 수비수의 허를 찌르고 다채로운 페인트로 타이밍을 무너뜨리기 때문에 수비수도 쉽게 달려들지 못합니다. 이것도 반드시 이길 수 있는 각도의 범위를 넓히는 요인입니다.

저는 실제로 네이마르 선수와 풋살을 함께한 적이 있는데, 이때 발재간이 빼어날 뿐만 아니라 팔을 쓰는 솜씨도 탁월함을 여실히 느낄 수 있었습니다. 직선 드리블을 할 때든 컷인을 할 때든 접근하는 수비수를 팔로 막아내고, 돌파할 때도 팔을 이용해서 수비수를 등 뒤에 위치시키고 있었습니다.

공격수와 옆으로 나란히 있는 상태라면 수비수는 볼을 건드리거나 슛을 블로킹할 기회가 생기지만, 공격수의 등 뒤에서는 아무것도 하지 못합니다. 무리하게 발을 내밀었다가는 바로 레드카드를 받을 수도 있습니다.

네이마르 선수가 이렇게 손을 효과적으로 사용할 수 있는 요인은 견갑골의 넓은 가동성에 있습니다. 드리블에서는 견갑골뿐 아니라 몸 전체가 유연하고 가동 영역이 넓어야 유리합니다. 네이마르 선수의 넓은 가동성은 거리 축구를 통해서 길러진 것인지 모르겠습니다만, 우리도 사다리를 이용해 스텝 연습을 할 때나 브라질 체조 같은 동적 스트레칭을 할 때 상체와의 연동을 의식하면 가동 영역을 넓힐 수 있을 것입니다.

네이마르 선수의 드리블은 99% 돌파하는 드리블 이론과 공통된 부분이 많지만, 그게 전부는 아닙니다. 이길 수 있는 각도의 범위가 넓고, 컷인 이후 팔을 탁월하게 사용하는 등 네이마르 선

1

2

3

수 고유의 강점이 가미되어 '네이마르만의 드리블'이 확립되었습니다.

참고로, 네이마르 선수만큼 쉴 새 없이 드리블 돌파를 시도하는 선수는 세계적으로도 드뭅니다. 한 경기에서 보통 14~15회는 드리블로 돌파를 시도합니다. 적극적인 액션 드리블로 끊임없이 도전을 이어나가며 진심으로 플레이를 즐깁니다. 그런 에너지를 뿜으며 필드를 뛰고 있기에 전 세계의 아이들이 동경하는 스타가 된 것이 아닐까 합니다.

03

▼

에당 아자르

압도적인 신체 능력으로
99% 돌파하는 드리블
이론을 체현한다

능력 그래프

스피드

돌파 시도
횟수

신체 능력

패스

테크닉

⚽ 직선 드리블의 표본

벨기에 국가대표팀의 에이스인 에당 아자르 선수 또한 99% 돌파하는 드리블 이론에 합치하는 플레이를 펼치는 선수입니다. 세계에서도 손꼽히는 뛰어난 드리블러이며, 네이마르 선수보다도 거리와 각도를 정밀하게 가늠합니다. 그야말로 99% 돌파하는 드리블 이론의 표본으로 삼고 싶은 선수라고나 할까요.

터치라인까지 수 미터만을 남기고 있을 때도, 그 앞에 두 번째 수비수가 기다리고 있을 때도 오버런하는 일 없이 최고 속도의 직선 드리블을 구사합니다. 가속과 정밀도를 양립시킨 직선 드리블의 완성형이라고 할 수 있습니다.

게다가 신체 능력도 압도적입니다. 몸이 조금 부딪힌 정도로는 끄떡도 하지 않기에, 수비수가 발을 최대한 뻗으면 아슬아슬하게 닿는 거리 안으로 조금 들어가더라도 돌파할 수 있습니다. 이때 무작정 신체 능력에만 의지하는 것이 아니라 거리와 각도를 정밀하게 가늠한 다음 '여기까지는 들어가도 이길 수 있다'고 판단했을 때 신체 능력을 활용합니다. 저도 아자르 선수 같은 신체 능력이 있다면 그런 드리블을 하고 싶다는 열망이 들 만큼 간격과 신체 능력을 영리하게 활용한 플레이를 펼칩니다.

1

2

3

아자르 선수는 컷인으로 파고드는 솜씨도 뛰어납니다. 직선 드리블을 완벽하게 구사하면서 컷인도 훌륭한 까닭에 수비수를 농락하며 돌파하지요.

아자르 선수는 컷인을 할 때 압도적인 브레이크 능력을 이용합니다. 세로 방향으로 나아가던 속도를 단숨에 떨어뜨리는 브레이크가 있으면 그것만으로도 컷인이 성립합니다. 속도를 붙이며 마크하던 수비수는 아자르 선수의 급제동에 반응해 갑자기 멈추는 것이 쉽지 않으므로 세로 방향으로 몸이 쏠리게 되고, 그 결과 컷인 공간이 빕니다. 완벽한 직선 드리블을 기반에 두고, 초인적인 수준의 넓적다리 앞쪽 근육, 일명 '브레이크 근육'을 활용한 급정지로 컷인 코스를 열어젖히는 것이죠. 이때 상체, 특히 광배근을 사용해 상체를 뒤로 젖히며 제동을 거는 등 몸의 힘을 효율적으로 사용하는 움직임은 중요하게 참고할 만한 부분입니다.

99% 돌파하는 드리블 이론의 완성형이며, '직선 드리블이 있으면 언제라도 컷인이 가능한 스타일'의 궁극적인 모습이라고 할 수 있습니다. 그야말로 이상적인 선수 유형이지요.

04

Lesson

리오넬 메시

**그 누구도
막을 수 없는
세계 최강의 플레이어**

능력 그래프		
돌파 시도 횟수	스피드	신체 능력
패스	테크닉	

 왜 메시를 막을 수 없는가

드리블뿐 아니라 패스, 슛 기술도 최고 수준인 리오넬 메시 선수는 축구 역사상 최고의 선수로 평가받고 있습니다. "메시를 저지하려면 기관총이 필요하다."라는 우스갯말이 나올 만큼 압도적인 공격력으로, 자신을 마크하는 수비진을 순식간에 제쳐 버립니다. 이 메시 선수와 99% 돌파하는 드리블 이론의 정합성에 관해 생각해 보려 합니다.

먼저 메시 선수는 고속 드리블로 이동할 때 수비수의 발이 닿는 범위에 들어가지 않고 우회하는 드리블로 교묘하게 수비수를 제칩니다. 이렇게 거리를 잡는 방식은 99% 돌파하는 드리블 이론과 합치하지만, 정지 상태의 일대일 상황에서는 이 거리가 크게 짧아지는 것이 메시 선수의 특징입니다. 다시 말해 수비수가 발을 최대한 뻗어도 아슬아슬하게 닿지 않는 범위보다 훨씬 안쪽에서 플레이하는 것이죠. 보통은 수비수가 볼을 건드리거나 몸을 부딪칠 수 있는 거리입니다.

그러나 아무도 메시 선수를 저지하지 못합니다. 이유는 그가 사용하는 특수한 테크닉에 있습니다. 순간적으로 정지한 상태(0)에서 단숨에 최고 속도(100)로 가속하는 드리블 테크닉으로,

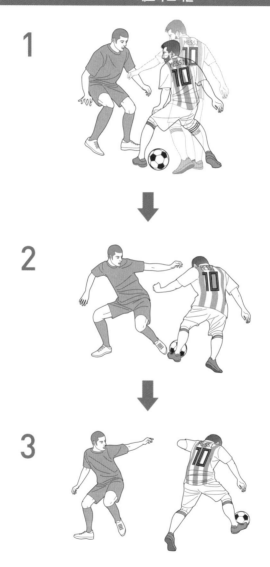

저는 이것을 '제로백(0→100) 드리블'이라고 부르고 있습니다.

가령 수비수의 발이 충분히 닿는 범위 안에 있더라도 수비수가 발을 뻗는 속도보다 훨씬 빠른 속도로 움직인다면 저지당할 일이 없습니다. 극단적으로 비유하자면, 빛의 속도로 움직일 수 있다면 아무리 수비수가 가까이 있어도 돌파할 수 있겠지요. 그만큼 메시 선수는 차원이 다른 수준으로 가속합니다. 음바페 선수나 네이마르 선수의 가속도 경이적이지만, 메시 선수의 제로백 드리블은 그것을 능가합니다. 이 기술을 사용할 수 있는 선수는 메시 선수가 유일할지도 모릅니다.

사람은 오른쪽으로 움직이기 시작할 때 일순간, 몸을 왼쪽으로 돌려서 지면 반력을 얻으며 뛰어나갑니다. 이렇게 왼쪽으로 몸을 돌리는 동작이 오른쪽으로 움직이기 위한 '예비 동작'이며, 수비수는 이 동작을 읽고 드리블 돌파를 저지하려 합니다.

그런데 메시 선수에게는 예비 동작이 거의 보이지 않습니다. 메시 선수는 몸을 일순간 '낙하'시킴으로써 이 예비 동작을 최대한 작고 빠르게 실시합니다. 동작 자체는 간단한데, '일순간 공중으로 뜬다 → 떨어진다 → 착지'의 반력으로 뛰어나가는 흐름입니다.

물리학적으로 보면, 평범하게 서 있는 것만으로도 동체(무게 중심)는 지면으로부터 1미터 정도 들어 올려져 위치 에너지를 축적한 상태에 놓입니다. 이 위치 에너지를 운동 에너지로 변환하는 원리이지요.

중력을 내 편으로 만든 이 움직임에는 낭비가 없고 예측 불가능하다는 강점이 있습니다. 여기에 손목 스냅과 상체를 절묘하게 사용함으로써 가속을 한층 높여, 순식간에 0에서 100으로 속도를 높입니다. 폭발적인 가속에 수비수는 메시 선수가 마치 '사라진' 것처럼 느낄 정도지요. 메시 선수는 이 기술로 수비수가 발을 최대한 뻗어도 아슬아슬하게 닿지 않는 거리를 상당히 짧게 커스터마이징하고 있는 셈입니다.

게다가 메시 선수는 반드시 이길 수 있는 각도를 만들어내는 데도 매우 능한 선수입니다. 패스나 슛 기술도 초일류이기에 패스 코스나 슛 코스를 비워 놓으면 그만큼 실점할 위험이 커집니다. 그래서 수비수는 드리블 돌파 코스뿐 아니라 패스나 슈팅 코스도 신경 써야 합니다. 이 점을 교묘히 이용해 수비수를 움직여 각도를 만듭니다. 팀 동료였던 이니에스타 선수는 메시 선수의 존재를 이용해서 각도를 만들어내는 데 성공했는데, 메시 선수 또한 유능한 팀 동료에게 보내는 결정적인 패스나, 약간의 틈새도 놓치지 않고 골문 안으로 꽂아 넣는 슛을 무기로 수비수를 교란하면서 각도를 만들어내는 것이죠.

다시 말해 메시 선수의 특징은 정지 상태에서 일대일을 할 때,

유지해야 할 수비수와의 거리를 상당히 짧게 커스터마이징하며, 각도를 만들어내는 방법의 수가 풍부하다는 것입니다. 그러나 무리한 각도에서는 절대 승부하지 않기 때문에 99% 돌파하는 드리블 이론에 합치하는 점이 많다고 말할 수 있습니다.

크리스티아누
호날두

**강인한 신체 능력과
유려한 테크닉으로
관중을 열광시키는
슈퍼스타**

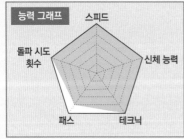

능력 그래프

스피드
돌파 시도
횟수
신체 능력
패스
테크닉

⚽ 99% 돌파하는 드리블 이론을 뛰어넘는 스케일

관중을 열광시키는 테크닉과 우월한 신체 능력. 크리스티아누 호날두 선수는 슈퍼스타라는 호칭이 잘 어울리는 선수입니다.

아마도 호날두 선수는 저의 99% 돌파하는 드리블 이론에서 가장 벗어난 존재일 거예요. 커스터마이징이라는 범주를 넘어선 수준이기 때문인데요. 간단히 말해 저는 호날두 선수 같은 드리블을 할 수 없다는 의미입니다.

호날두 선수에게는 '우회해서 침투한다.'라는 사고방식이 거의 존재하지 않습니다. 180도로 대치하다가 반드시 이길 수 있는 각도를 향해 최단 거리로 이동하면, 커트 당하거나 몸싸움에 노출될 우려가 있다고 PART 1에서 언급한 바 있는데, 호날두 선수는 그곳으로 돌진합니다. 우회하지 않고, 최단거리로. 그것도 예각으로.

애초에 각도라는 개념이 없는지도 모르겠습니다. 어떻게든 볼만 수비수의 발이 닿는 범위를 통과하면 된다고 생각하며, 자신은 수비수와 충돌해도 튕겨낼 수 있을 정도의 강인한 신체 능력을 갖추고 있습니다.

1

2

3

그래서 그는 지지발 프론트로 볼을 운반하는 일이 거의 없습니다. 분명 호날두 선수처럼 드리블할 수 있다면 속도를 줄이면서까지 지지발 프론트로 전환할 필요가 없을지 모릅니다. 항상 지지발 백으로 빠른 속도를 유지하며 볼을 운반하고, 수비수와의 거리가 좁혀지면 스텝 오버(헛다리 짚기)로 타이밍을 재면서 대각선으로 뛰어듭니다. 호날두 선수의 대표 기술로 불릴 만큼 스텝 오버를 자주 사용하는 데는 이런 요인이 있을 것입니다.

　그래도 99% 돌파하는 드리블 이론의 개념에 가까운 플레이를 찾아보자면, 자주 사용하는 테크닉인 '호날두 찹'이 있습니다. 호날두 찹은 지지발 뒤로 볼을 보내며 컷인하는 테크닉입니다. 그는 이 기술을 고속 드리블을 하며 수비수와 나란히 달리는 상태에서 구사할 때가 많습니다. 고속의 직선 드리블로 수비수를 따라오게 하다가(앞으로 치고 나갈 것이라는 인식을 주는 드리블), 호날두 찹으로 급브레이크를 걸며 빠른 방향 전환을 이루는 움직임은 '직선 드리블에서의 컷인'이라는 이론과 닿아 있는 돌파 패턴입니다.

　사실 호날두 선수는 기본적으로 180도의 대치조차 반드시 이길 수 있는 각도로 만들어 버리는 폭발적인 스피드와 우월한 신체 능력을 가진 선수이기에, 굳이 공통점을 찾아보자면 이렇다고 말할 수 있는 수준에 지나지 않습니다. 99% 돌파하는 드리블 이론의 바깥쪽에 있는 유일무이한 슈퍼스타라고 할 수 있겠네요.

아르투르 멜루

표본으로 삼았으면 하는,
상식을 뒤엎는
간격의 마술사

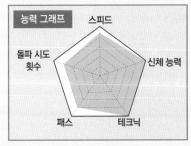

능력 그래프

스피드

신체 능력

테크닉

패스

돌파 시도
횟수

 ## 상대에게 등을 향하고
각도를 만들어낸다

2018년에 FC 바르셀로나의 레전드인 이니에스타 선수의 등번호 8번을 물려받아 활약한 미드필더이자 브라질 국가대표인 아르투르 멜루 선수. 그의 플레이 영상을 처음 봤을 때 받았던 충격은 지금도 잊을 수가 없습니다.

'분명히 99% 돌파하는 드리블 이론에 들어맞기는 하지만, 이런 건 생각하지 못했어!'

새로운 형태의 드리블을 목격한 거예요. 아르투르 선수 역시 반드시 이길 수 있는 각도로 원을 그리면서 침투하는 유형이었지만, 들어가는 방법이 저와는 완전히 달랐습니다. 저는 수비수에 대해 정면으로 대치하면서 우회하는데(우회할 때 거스러미 터치를 사용), 그는 등을 향한 채 수비수를 팔로 억제하면서 우회합니다(우회할 때 아웃사이드 터치 사용).

아르투르 선수의 방식은 수비수가 발을 최대한 뻗으면 아슬아슬하게 닿는 범위 안으로 몸이 들어가기 때문에 몸싸움에 노출되는 리스크가 있습니다. 그러나 실제로는 등을 향하고 있으므로 정면으로 대치할 때만큼 리스크가 크지 않습니다.

오히려 아르투르 선수는 수비수가 미는 힘을 자신의 기세로 바꾸거나, 붙잡히면 회전하는 힘으로 바꾸면서 각도를 만들어 내기도 합니다.

　분명 아르투르 선수 또한 원을 그리며 우회해서 반드시 이길 수 있는 각도로 침투하고 있었습니다. 로직(트릭)은 같지만, 테크닉(손놀림)이 다를 뿐이었지요. 이 방법이라면 공간이 없을 때나 수비수가 눈앞으로 다가왔을 때도 드리블을 포기하지 않고(패스나 슛을 선택하지 않고) 돌파를 시도할 수 있습니다.

　신장이 171cm로 결코 큰 체구는 아닌 아르투르 선수가 신체 조건 때문에 밀리지 않기 위해 도달한 드리블의 이상적인 형태 중 하나일 수 있겠습니다. 많은 사람이 참고할 수 있는 플레이 스타일이라고 생각합니다.

▼

만족을 모르는
성장 욕구와
강인한 정신력,
고바야시 유키

일본 국가대표팀에서도 활약하는 고바야시 유키 선수는 99% 돌파하는 드리블 이론에 대한 이해도가 높은 플레이어 중 한 사람입니다.

고바야시 선수의 포지션은 중원의 사령탑입니다. 99% 돌파하는 드리블 이론은 주로 공격수에게 소개합니다만, 그렇다고 드리블러에만 효용이 국한되지는 않습니다. 수비형 미드필더 등이 자신 있는 플레이(패스나 슛 등)의 활용 폭을 넓히는 데도 충분히 도움이 됩니다. 드리블로 돌파를 시도한다는 무기를 가짐으로써 좀 더 많은 기회를 만들 수 있습니다.

예를 들어 '이 선수는 패스밖에 안 해(드리블 돌파는 걱정하지 않아도 돼).'라고 인식되는 선수와 '방심하면 드리블로 돌파할 거야.'라는 인식을 주는 모드리치나 이니에스타 같은 선수를 마주할 때 수비진이 느끼는 위협은 완전히 다릅니다. 패스도, 슛도, 드리블도 탁월한 공격수를 상대하는 수비수는 대응의 가짓수를 좁힐 수가 없어 타이밍을 빼앗기기 쉽고, 공격 측은 더 유리하게 공격을 전개할 수 있습니다.

그런 이유에서 고바야시 선수도 드리블 돌파의 중요성을 통감하고 있었으며, 저의 이론을 알고 싶다며 문의해 왔습니다. 이것이 교류의 시작이었습니다. 국가대표로 뛸 만큼 인정받은 실력을 갖추고 있으면서도 '배우고 싶다, 알고 싶다'는 겸허한 자세로 더 좋은 플레이를 위해 끊임없이 노력하는 선수, 성장 욕구가 대단한 선수입니다. 우리는 수차례 만남을 가지면서 많은 의견을 나누고 트레이닝을 했으며, 지금도 주기적으로 드리블 훈련을 함께하고 있습니다.

고바야시 선수는 제 이론을 정확히 이해했으며, 거스러미 터치나 임전 터치 등의 테크닉도 완벽하게 마스터했습니다. 그와 동시에 자신만의 특색을 갈고닦으며 계속 성장하고 있습니다. 선수 한 사람 한 사람의 개성에 맞춘 드리블을 디자인한다는 저의 사고에 공감하고 지지를 보내주는 프로 선수 중 한 명입니다.

2018년 6월, 저는 네덜란드에서 고바야시 선수의 드리블을 디자인했습니다. 그전에 여러 차례 함께 볼을 차 왔던 데이터를 바탕에 두고, 현재 팀에서의 역할과 드리블 상태를 점검하는 것부터 시작했습니다. 그러자 그는 자신감 가득한 표정으로 웃으며 "요즘은 돌파가 너무 잘 돼서 기회만 나면 시도하고 있어요. 상대가 다가오면 곧바로 제치고 나갑니다. 그래서 팀 동료들도 제가 패스를 받으면 가까이 오지 않아요. 덕분에 상당히 자유롭게 플레이할 수 있게 되었죠."라고 대답하더군요. 네덜란드 1부 리그 클럽인 SC 헤렌벤에서 굳건한 지위를 구축하고 있음을 알 수 있었습니다.

현지 경기장에서 응원할 기회도 있었는데, 팀의 주축으로 활약하는 그의 모습을 가까이서 볼 수 있었습니다. 경기 전에 오늘은 골을 넣을 것이라고 선언한 대로, 보란 듯이 프리킥을 성공시켜 팀 승리에 공헌했습니다. 필요한 순간에 결과를 남기는 기술과 최고의 멘탈을 지녔음을 느낄 수 있었습니다.

그런 고바야시 선수를 위해서 디자인한 것은 '드리블의 안정성'을 높이는 것이었습니다. 이 역시 제가 독자적으로 쓰는 표현입니다. 드리블의 안정성이란 동작의 견고함, 정확도를 의미합니다. 똑같이 드리블로 수비수를 제치더라도 볼의 위치를 살짝 옮겨서 슛하는 것이 고작인가(안정성이 떨어진다), 수비수를 완전히 제쳐서 패스를 할지 슛을 할지 드리블을 더 할지 선택할 수 있는가(안정성이 높다)에 따라 드리블의 효용이 크게 다릅니다. 드리블 돌파에 능숙해진 그가 드리블 안정성을 높임으로써 결정적인 플레이로 이어지는 기회를 만들었으면 하는 것이 저의 노림수였습니다.

드리블의 안정성을 좌우하는 것은 거리감과 가속력입니다. 거리감은 수비수가 발을 최대한 뻗어도 아슬아슬하게 닿지 않는 거리를 정확하게 파악할 수 있는가, 가속력은 거스러미 터치를 하면서 좀 더 자연스럽게 달릴 수 있느냐와 연관되지요.

거리를 정확히 파악하기 위해 저는 고바야시 선수에게 수비수와 고무줄을 잡고 일정 거리를 유지하면서 드리블하는 트레이닝을 실시했습니다. 거리를 가시화한 훈련을 통해 감각을 더 날카롭게 익히는 것이었죠. 또한 가속력에 관해서는 기존 플레이와 함께 생체 역학적인 관점에서 신체 본연의 기능을 이끌어내는 '신전 반사(Stretch Reflex)' 훈련으로 파워 업을 꾀했습니다.

짧은 시간이었지만 현지에서 긴밀히 소통하며 볼을 찰 수 있었고, 고바야시 선수의 움직임이 점차 진화하고 있음을 눈으로 확인할 수 있었습니다. 서로를 존중하며 성장을 이어나가는 관계, 제가 지향해 온 프로 선수와의 이상적인 관계를 그와 만들어가고 있었습니다. 앞으로도 드리블 디자이너로서 고바야시 유키 선수를 지지하고 응원하고자 합니다.

PART 4

•

성장하는 삶을 위한 최고의 가치,
도전하는 마음의 소중함을 전한다

도전은
계속되어야 한다

01

▼

도전하는
정신

좋아하는 축구를 계속하기 위해

지금까지 드리블로 돌파하는 움직임을 언어화한 99% 돌파하는 드리블 이론을 살펴보았습니다. 이 이론에 기반한 드리블 영상을 SNS에 올리기 시작한 시기는 2014년 무렵입니다. 그 후 5년 동안 수많은 사람에게 이론을 소개했습니다. 또한 국가대표를 비롯한 프로 선수들의 드리블을 디자인했고, 네이마르 선수와 같은 세계적인 스타 플레이어와 협업해 드리블을 선보이는 등 당시 제가 목표했던 것들을 차례차례 이루었습니다.

그러나 아직도 제 꿈은 계속됩니다. 앞으로 이루고 싶은 것이 훨씬 더 많습니다. 저는 향후 수년 안에 드리블 디자이너로서의 활동을 마치고 다음 꿈에 돌입할 계획을 가지고 있습니다.

사실 이 책을 통해 무엇보다 간절히 전하고 싶었던 부분은 드리블의 근본에 자리한 **'도전하는 정신'**이었습니다. 어쩌면 그 정신을 보다 많은 사람에게, 보다 넓은 세계로 전하고 싶기에 그 수단으로 드리블을 선택한 것인지도 모르겠습니다. 그래서 저는 드리블만 고집하지는 않을 것입니다. 이 꿈에 대해서는 잠시 뒤에서 소개하기로 하고, 먼저 지금까지 제가 걸어온 길을 통해 절실히 체감한 도전하는 정신의 중요성을 전하고자 합니다.

프롤로그에서도 말했지만, 저는 대표 선수도 아니었고 프로 축구 리그에서 뛴 경험도 없습니다. 그저 축구를 너무도 좋아하는 사람일 뿐이지요. 어린 시절부터 두 살 터울의 형을 따라다니며 아침부터 밤까지 축구에 빠져 지냈습니다. 장래 희망은 당연히 프로 축구 선수가 되는 것이었습니다. J리그 1부 프로 축구팀인 요코하마 F. 마리노스 유스 소속이던 시기도 있었는데, 코치와의 갈등 끝에 마리노스를 떠났습니다. 고등학생이 되어서는 드리블을 연마해 지역(가나가와 현) 선발팀에도 뽑혔지만, 스카우트의 눈에 들지 못해 프로 선수는 되지 못했습니다.

그러나 사랑하는 축구를 어떻게든 계속하며 살고 싶다는 열망이 너무나 강했기에 포기할 수 없었지요. 그래서 신체 조건이 조금 불리하더라도 섬세한 볼 터치를 특기 삼아 좋은 플레이를 펼칠 수 있지 않을까 하는 생각에 풋살로 전향했고, 프로 선수로서의 앞날을 모색했습니다.

쇼난 벨마레 풋살 클럽에서 뛰었고, 스페인으로 건너가 프로 풋살팀의 훈련생으로 생활하기도 했습니다. 이때 선수로 뛰는 동시에 동료 선수들의 훈련 지도를 겸했던 것이 계기가 되어 점차 지도의 매력에 빠져들었습니다. 제가 지도한 선수가 눈에 띄게 발전하는 모습을 보면서 큰 보람을 느꼈고, 저의 자질을 깨달아 선수 생활 은퇴를 결심하기에 이르렀습니다.

'가장 좋아하는 일을 하면서 인생을 행복하게 살고 싶다.'

이 마음은 지금도 변함없습니다. 좋아하는 일에 매진하고 싶기에 새로운 인생에 도전하는 길을 선택했습니다. 'Make Smile Project'라고 해서 유치원과 초·중·고교 축구부, 주니어 축구팀, 거리 이벤트 등에서 풋살 교실을 열고 풋살 보급 활동에 전념했습니다. 이 프로젝트를 진행하면서 '드리블 돌파'의 요령을 그저 감각적으로만 익히는 것이 아니라, 누구나 명확히 머리로 개념화하고 쉽게 활용할 수 있으면 좋겠다는 생각을 하게 되었습니다. 그때부터 드리블 메커니즘을 언어화, 체계화하는 방법을 고민하기 시작했지요.

드리블 기술은 역동적이고 화려한 움직임으로 아이들에게 특히 인기가 많습니다. 그리고 무엇보다 도전하는 정신이 없으면 불가능한 플레이이지요. 매 순간 도전을 거듭하며 꿈을 향해 달려온 저는 도전하는 마음의 중요성을 가능한 한 널리 알리고 싶었고 드리블은 그 정신을 체현하기에 가장 적합한 교재였습니다.

그래서 저만의 드리블을 더욱 갈고닦기 시작했습니다. 다른 사람에게 전수할 것을 염두에 두고 플레이를 분석하고, 필요에 따라서는 뇌과학이나 운동학 분야의 전문가를 찾아가 귀중한 조언을 얻었습니다. 또한 '모두를 제칠 때까지 멈추지 않는다.'라는 규칙을 걸고, 그 자리에 참가한 플레이어 전원을 드리블로 돌파해야 플레이가 종료되는 수행과도 같은 이벤트도 개최했습니다. 많은 사람이 지켜보는 가운데 볼을 빼앗겨 망신을 당할 수도 있는 상황에서 실패를 두려워하지 않고 도전하는 모습을 보여줌으로써 도전 정신과 용기의 가치를 알리겠다는 의도였지요. 이벤트에 정말 많은 분이 동참해 주셔서 정신 차려 보니, 드리블로 제친 사람의 수가 어느덧 5,000명을 넘어섰더군요. 그리고 흥미롭게도 이때의 경험이 쌓여 현역 시절보다 드리블을 훨씬 잘하게 되었습니다.

'드리블을 언어화해 사람들에게 전한다'는 목적을 가지고 무엇이 중요한지를 되짚어보는 과정에서, 나 자신의 플레이를 진지하게 마주한 것이 많은 깨달음을 가져다주었습니다. 또한 다양한 분야의 전문가를 비롯해 축구, 하키, 펜싱 등 타 스포츠에 몸담은 사람들을 만나 소통하면서 '타인에게 배우는 자세'를 자연스럽게 익힌 것이 정신적으로 성장하는 데 든든한 밑거름으로 작용하지 않았나 싶습니다.

이렇게 체계화한 저의 드리블 이론과 영상을 SNS에 올린 결과 큰 반향을 불러일으킬 수 있었습니다. 일본뿐 아니라 해외에서도 드리블 지도 요청이 들어왔고, 나아가 프로 선수로부터 개인 지도도 의뢰받게 되었지요.

그런 와중에 저는 점차 '드리블 지도', '개인 지도'라는 말에서 거부감을 느끼기 시작했습니다. 상대가 프로 선수든 일반 플레이어든, 가르친다는 생각보다는 경험에서 도출한 저의 드리블 이론을 공유하고 함께 발전시켜 나간다는 마음이 강했기 때문에 '지도'라는 말이 잘 와 닿지 않았습니다.

그래서 만든 것이 '드리블 디자이너'라는 용어입니다.

'지도가 아니라 디자인을 한다.' 이것은 개인이 지닌 고유한 특성을 살리는 동시에, 장단점을 철저히 분석하고 원하는 바에 대해 소통함으로써 더 좋은 플레이를 할 수 있도록 드리블 전략을 디자인한다는 발상입니다. 이와 함께 99% 돌파하는 드리블 이론을 완전한 형태로 정립하는 일도 병행했습니다. 감각적인 요소를 가능한 한 배제하고, 누구라도 쉽게 이해하고 실행에 옮기도록 한다는 목표로 '드리블의 언어화'에 임했지요.

그 덕분에 지금은 99% 돌파하는 드리블 이론이 널리 알려졌고 "드리블로 돌파할 수 있게 되었습니다.", "돌파하는 원리를 알게 되어 무엇을 연습해야 할지 이해하게 되었어요.", "축구가 즐거워졌습니다."와 같은 가슴 벅찬 후기를 듣게 되었습니다. 그중에는 "오카베 씨의 영향을 받아서 축구가 아닌 ○○에도 도전할 용기가 생겼습니다."라는 메시지도 있었는데, 도전하는 정신이 전해졌을 뿐만 아니라 도전을 촉진했다는 생각에 너무도 뿌듯했습니다.

지금까지 제가 드리블 디자이너로 거듭난 경위를 간단히 들려 드렸습니다. 보다시피 저는 화려한 엘리트 코스를 걸어온 사람이 아닙니다. 수많은 좌절을 맛봤지요. 하지만 삶의 어느 순간에도 '도전하기'를 멈추지 않았습니다. 물론 실패는 누구에게나 두려운 일이며 그로 인해 많은 것을 잃기도 합니다. 저 또한 다르지 않았습니다. 지금까지 결실을 보지 못한 도전도 많습니다.

그렇더라도 저는 도전에 담긴 좋은 가치가 압도적으로 많다고 믿습니다. 무언가를 도전한 시점에 이미 90%는 성공에 다가간 것과 다름없다고 생각하거든요. 무언가에 도전했다가 실패한다는 것이 인생 전체가 실패하는 건 결코 아닙니다. 그 실패에서 깨달음을 얻어 다음 도전으로 연결할 수 있다면 그것만으로도 충분히 가치 있는 경험이라고 생각합니다. 그럼으로써 꾸준히 성장해 나간다면, 인생은 반드시 풍요로워지리라고 믿습니다.

이것은 드리블이나 축구에만 국한된 이야기가 아니지요. 스포츠든 일이든 상관없이, 도전하는 정신은 행복한 인생을 살기 위해 잊지 말아야 하는 중요한 지침입니다. 이 책을 읽은 여러분이 제 생각에 공감해 자신만의 도전에 나선다면 진심으로 기쁠 것입니다.

마지막으로 제가 '도전을 이어나가기' 위해 명심하고 있는 것을 소개하면서 글을 끝맺도록 하겠습니다.

▼

역산적인 사고로
꿈 노트를
작성한다

역산을 통해서 써 내려가는 꿈 노트

저는 어떤 일에 도전하기 전에 반드시 '꿈 노트'라는 것을 씁니다. 이 꿈 노트는 '역산 노트'이기도 합니다. 앞서 PART 1과 PART 2에서 역산의 개념을 소개한 바 있지요.

Not 10 게임에서는 '9를 말한 시점에 승리가 확정된다.'라는 최종적인 승리 요건에서 역산해 '9를 말한 시점에 승리가 확정 → 5를 말한 시점에 승리가 확정'을 깨닫는 것이 전략 포인트라고 설명했습니다.

PART 2에서는 테크닉을 습득하는 방법으로 '① 수비수의 발이 닿지 않는 위치로 간다 → ② 우회한다 → ③ 레디 앤 고!'라는 드리블 순서를 살펴보면서 일반적으로는 ①부터 단계적으로 습득하겠지만, 여기서는 ③의 레디 앤 고부터 역산해서 테크닉을 습득하는 것이 중요하다고 말한 바 있습니다.

'무슨 일이든 역산해 생각할 것을 명심한다.'

이는 꿈도 마찬가지입니다. 자신이 정한 미래의 어느 시점까지 꿈을 이루기로 결심했다면, 이제 시간을 거꾸로 떠올리며 계산하는 것이죠. 꿈이 이루어졌으면 하는 최종 시점부터 역산해

때마다 달성해야 할 하위 목표와 기한을 작성해 나갑니다. 그러면 지금부터 무엇을 해야 하는지, 언제까지 무엇을 달성해야 하는지가 명확해집니다. 막연한 목표가 아니라 시기별로 달성해야 하는 중간 목표들이 구체적으로 세워지면 시간을 효율적으로 사용할 수 있고, 불필요한 방향으로 노력이 분산되는 것도 방지할 수 있습니다.

그리고 무엇보다 도전하는 정신이 싹트게 됩니다. 왜 그럴까요? 아무리 장대한 꿈도 작은 한 걸음을 내딛는 것에서 시작하기 때문입니다. 너무 커서 감당이 안 될 것 같은 큰 꿈도 역산해서 생각하면, 꾸준히 내디딘 한 걸음 한 걸음의 축적일 것입니다. 그런 작은 걸음이라면 지금 당장이라도 내디딜 수 있을 것 같지 않은가요?

꿈은 장대한 것, 거창한 것이라는 인식이 지나치면 자칫 도전하는 마음 자체를 위축시켜 버릴 수 있습니다. 그럴 때는 꿈을 역산하면서 '지금 당장 실행할 수 있는 일'에 도달하도록 구체화하는 것이 도전하는 계기를 마련해 줄 것입니다. 그렇게 등을 밀어주고 방향을 알려주는 존재가 꿈 노트라고 저는 생각합니다.

그러면 어떻게 꿈을 역산해 나가는지 다음 쪽의 간단한 예를 보면서 함께 생각해 봅시다.

이렇게 무작정 역산해 나가면 한 가지 사실을 깨닫게 됩니다.

[그림 23] 꿈에서부터 역산하는 사고법의 예

※ 화살표의 크기 = 가능성

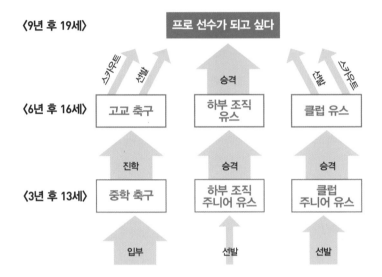

| 〈9년 후 19세〉 | 프로 선수가 되고 싶다 |

현재 10세 프로 축구 선수가 되기 위해 어떤 길을 선택할 것인가?
그 선택을 위해서는 지금 무엇을 해야 하는가?

프로 축구 선수가 되기 위해서는 프로 구단의 하부 조직을 통하는 경로가 확률이 높지만, 좁은 문이다. 고교 축구나 사설 클럽의 유스 팀을 거쳐 프로 선수가 될 가능성은 열려 있지만, 전국 수준의 성적을 내는 팀이 아니면 스카우트의 눈에 띄기 어렵다.

9년 후 프로 선수로 데뷔하기까지 며칠이 남았는가? (365일 × 9년 = 3,285일)
매주 경기를 한다고 가정했을 때 몇 경기를 할 수 있는가? (52주 × 9년 = 468경기)
9년 후로 다가온 프로 데뷔, 지금의 연습으로 충분할까?

애초에 왜 프로 선수가 되고 싶은가?
왜 축구를 하고 있는가?
왜 축구가 아니면 안 되는가?

이 꿈 또한 다른 무언가를 위한 수단이라는 사실입니다. '행복하게 살고 싶다.', '누군가에게 도움이 되고 싶다.'와 같이 자기 내면에 있는 마음(진심)을 실현하는 수단인 거지요. 그렇게 생각하면 꿈은 몇 번이라도 고쳐 쓸 수 있습니다.

분명 세상은 어떤 꿈이든 이룰 수 있을 만큼 호락호락하지 않습니다. 그러나 지금은 이루지 못한 꿈일지라도 자기 안에 있는 '진심'을 깨닫는다면 몇 번이든 고쳐 쓸 수 있으며, 다시금 도전할 수 있습니다. 저는 제 안에 있는 진심을 깨달았습니다. 그래서 수많은 좌절을 겪으면서도 그때마다 꿈 노트를 고쳐 쓰고 도전을 계속할 수 있었습니다.

마치는 말

저에게 드리블은 살아가는 방식입니다.

눈앞의 상대를 향해 도전할 뿐만 아니라, 승리의 순간부터 냉철히 역산해서 현재 해야 할 일에 힘을 쏟습니다. 저의 내부에는 역산해서 전체를 바라보는 나 자신과 눈앞의 대상에 온 힘을 쏟는 또 하나의 내가 함께 살고 있습니다.

저의 인생 방식과도 같은 99% 돌파하는 드리블 이론을 정리하는 과정에서 많은 분이 도움을 주셨습니다. 출판사 관계자분들과 그 외 책의 기획과 퇴고에 소중한 조언을 주신 모든 분께 이 자리를 빌려 진심 어린 감사의 인사를 전합니다.

살아가는 방식도, 99% 돌파하는 드리블 이론도 모두 '역산 사

DRIBBLE DESIGN

고'를 바탕에 두고 있습니다. 제 증조부는 일본 장기 기사셨습니다. 어릴 적부터 길러진 역산해서 사고하는 습관에는 장기의 묘미를 진지하게 접할 수 있는 집안에서 태어난 것이 적지 않은 영향을 미쳤을 것이라 생각합니다. 어린 시절 장기를 가르쳐주신 부모님과 조부모님께도 감사드리고 싶습니다.

99% 돌파하는 드리블 이론이 여러분의 축구 인생, 나아가서는 삶 자체를 풍요롭게 만드는 데 조금이나마 도움이 되기를 기원합니다. 끝까지 읽어 주신 독자 여러분께도 깊은 감사의 인사를 전합니다.

2019년 어느 좋은 날, 오카베 마사카즈

드리블 디자이너
오카베 마사카즈

1983년 일본 가나가와 현 출생. 일본 풋살 리그(F리그) 출신의 드리블 전문 지도자. 돌파 성공률을 극대화하는 드리블 이론을 유튜브 등의 SNS에서 소개한다. 드리블 동영상 누적 조회 수 1억 회를 돌파했으며, 일본뿐 아니라 아시아와 유럽, 남아메리카 등 세계 각국에 구독자가 있다. 일본 전역에서 드리블 클래스를 진행하며, 일본 국가대표 선수들에게도 개별적으로 드리블을 디자인한다. 호나우지뉴, 혼다 케이스케, 지쿠, 마테라치, 아드리아누, 델 피에로, 피를로 등 세계의 축구 스타들과 만나 협업한 바 있다.

[유튜브 공식 채널] Dribble Designer OKABE
https://www.youtube.com/channel/UCv91K1Hm2jvXBtbuNZYlo2Q

[Dribble Designer OKABE]

[축구 경력] 아자미노 FC / 요코하마 F. 마리노스 주니어 유스 / 가나가와 현 에다 고등학교 축구부 / 도인 요코하마 대학(주장)

[풋살 경력] PREDATOR URAYASU FC SEGUNDO / F리그 소속 바르드랄 우라야스(F리그 초년도 2위, 전 일본 풋살 선수권 2008년도 전국 우승) / 스페인 2부 리그 Laguna Playas de Salou / F리그 소속 쇼난 벨마레(전 일본 풋볼 선수권 2010년도 전국 준우승)

축구 드리블 디자인

1판 2쇄 | 2024년 11월 25일
지 은 이 | 오카베 마사카즈
감　　수 | 김 보 찬
옮 긴 이 | 김 정 환
발 행 인 | 김 인 태
발 행 처 | 삼호미디어
등　　록 | 1993년 10월 12일 제21–494호
주　　소 | 서울특별시 서초구 강남대로 545–21 거림빌딩 4층
　　　　　 www.samhomedia.com
전　　화 | (02)544–9456(영업부) / (02)544–9457(편집기획부)
팩　　스 | (02)512–3593

ISBN 978–89–7849–629–2 (13690)

Copyright 2020 by SAMHO MEDIA PUBLISHING CO.

출판사의 허락 없이 무단 복제와 무단 전재를 금합니다.
잘못된 책은 구입처에서 교환해 드립니다.